Jürgen Löhle

»*Normale Härte*«
Brägels neue Ausreißversuche

Lebenshilfe für Hobby-Radsportler

Delius Klasing Verlag

Die hier vorliegenden Glosssen um den Hobbyisten Brägel
und andere Freunde des Radsports erschienen in den Jahren 2001 bis 2004
im Rennradmagazin TOUR.

Bibliografische Information der Deutschen Nationalbibliothek
Die Deutsche Nationalbibliothek verzeichnet diese Publikation in der
Deutschen Nationalbibliografie; detaillierte bibliografische
Daten sind im Internet über http://dnb.d-nb.de abrufbar.

4. Auflage
ISBN 978-3-7688-5214-2
© Moby Dick Verlag, Postfach 3369, D-24032 Kiel

Illustrationen und Titelmotiv: Cornelia von Seidlein
Schutzumschlaggestaltung: Buchholz / Hinsch / Hensinger, Hamburg
Druck und Bucheinband: CPI – Clausen & Bosse, Leck
Printed in Germany 2008

Alle Rechte vorbehalten! Ohne ausdrückliche Erlaubnis
des Verlages darf das Werk, auch nicht Teile daraus, weder
reproduziert, übertragen noch kopiert werden, wie z. B.
manuell oder mithilfe elektronischer und mechanischer
Systeme inklusive Fotokopieren, Bandaufzeichnung und
Datenspeicherung.

Delius Klasing Verlag, Siekerwall 21, D-33602 Bielefeld
Tel.: 05 21 / 5 59-0, Fax: 05 21 / 5 59-1 15
E-Mail: info@delius-klasing.de
www.delius-klasing.de

Inhalt

Alles im Fluss 7
Vaterfreuden 12
Dabei sein ist alles 16
Voll auf Touren 20
Das Grauen hat einen Namen 24
Der Stammhalter 28
Weil ..., weil 32
Seitensprünge 36
Drum prüfe 40
Der Klassiker 44
Gleichberechtigung 48
Sonderweg 52
Ferienlager 56
Wissen ist Macht 60
Geldsorgen 65
Brägollini 69
Der Wille kann alles 73
Gelobt sei 77
Brägel mag nimmer 81

Die Macht der Zahlen 85
Sorglos stillos 89
Landstraßenplage 93
Waagemut 97
Vorsorglich fürsorglich 101
Triumph in Alpe d'Huez 105
Normale Härte 109
Herbst-Depressionen 113
Frohe Weihnachten 117
Die Mutter aller Pläne 121
Fremdgänger 125
Frontfrau 129
Putz Blitz 133
Brägels treuester Freund 136
Modellathlet 140

Alles im Fluss

*Seit einiger Zeit erkennt Sportsfreund Brägel immer mehr die ganz- und gesundheitlichen Aspekte des Radsports und folgt brav den Anleitungen diverser Experten.
Das hat Folgen ...*

Manche Dinge auf unserer schönen Welt ändern sich leider nie. Dazu gehören die grauenhafte Ignoranz von 99 Prozent aller Frauen gegenüber den wirklich wichtigen Dingen im Leben. Mann kennt das ja nur zu gut: Da fährst du mit dem Auto in den Urlaub, die Kinder auf dem Rücksitz sind mit stumpfsinnigen Liedchen endlich erfolgreich in den Schlaf gedudelt, und dann hat das Mädel auf dem Beifahrersitz nichts anderes zu tun, als jede zweite Autobahnraststätte zu benetzen. Unverschämterweise findet sie das noch nicht einmal schlimm. Fakt ist aber, dass der angestrebte Schnitt von 120 für die gut tausend Kilometer zur Côte d'Azur durch die ewige Pinkelei auf jämmerliche 114 gedrückt wird. So was kann einem wirklich den letzten Nerv rauben, zumal die Damen hinterher gerne noch Espresso nachladen (nochmal vier Minuten Standzeit), der sie und ihre Blase agil hält.
Ist Ihnen bekannt, ja? Willkommen im Club. Aber, und auch das ist eine unabänderliche Tatsache, es gibt noch Schlimmeres: zum Beispiel eine Radrunde mit Brägel. Der Kerl hat irgendwann

einmal gelesen, dass man beim Sport viel trinken soll. Verstanden hat er es allerdings nicht. Zumindest nicht genau. Die Regel besagt, dass man beim Training viel Flüssigkeit verliert und das nicht gut sei für den Stoffwechsel. Stimmt alles, aber wohlgemerkt: beim Training, also wenn man sich anstrengt, schwitzt und so. Und dazu braucht es wenigstens ein kleines bisschen Druck auf dem Pedal. Den bringt Brägel aber nicht. Der Lapp rollt derzeit auf der Fatburning-Welle, pulsreduziert, kontrolliert und garantiert todlangweilig. Wir vom Radclub sind trotzdem neulich bei einer seiner Anti-Fett-Runden mitgefahren, obwohl Brägel schon vor

dem Start einen Liter Früchtetee weggepumt hat. An diesem frischen Frühlingstag hatte es etwa neun Grad Celsius und feuchte Straßen, aber Brägel hat trotzdem noch zwei Extraflaschenhalter unterm Sattel montiert. Mit den zwei Pullen am Rahmen waren das gut und gerne noch einmal drei Liter. »Himmel Hilf – das reicht für uns alle«, sagt einer. Brägel kontert: »Die Säfte müssen im Fluss bleiben.« Mir schwant Schlimmes.

Nach genau 5,2 Kilometern, also etwa nach einer Viertelstunde Fatburning, verzerren sich Brägels Gesichtszüge, er ruckelt im Sattel und sieht schwer gequält aus. »Ich muss mal Pipi«, stöhnt er, wobei »Pipi« bei einem ausgewachsenen Kerl mit einem Liter Früchtetee und den Resten von vier Hefeweizen in der Blase ziemlich albern klingt. »Dann mach' mal«, belle ich zurück, aber so einfach geht das nicht. Die Technik der Profis, mit leicht ausgestelltem rechten Bein und ebenso verdrehtem Oberkörper im Rollen abzuschlagen, beherrscht Brägel weder von der Steuertechnik her, noch verfügt er über die anatomische Mindestlänge für solche Übungen. Also anhalten. Aber das ist nicht so einfach, da Brägel nicht eben mal so an einen Baum pinkeln will. Der Mann hat Mindeststandards, die unbedingt eingehalten werden müssen. Verständlich ist noch die wind- und blickgeschützte Lage, ein wenig übertrieben die Anforderung, dass Talblick und ein Bächlein zum Händewaschen schon sein sollten.

Zehn Minuten später hatten wir den Ort seines Wunsches erreicht. Eine einsame Holzhütte auf einer Anhöhe mit Blick nach Osten auf das Neckertal. »Ein idealer Westwindplatz«, grunzt Brägel aus schmerzverzerrtem Gesicht, »nur leider kein Bach.« Danach stakst er wie ein schwer verletzter Ballett-Tänzer hinter das Häuschen. Und während er leicht nach vorne gebeugt und lasziv stöhnend zu Tale wässert, fällt uns mal wieder auf, wie ungeschickt doch einteilige Trägerhosen sind. Zum einen lassen sie eine aufrechte Haltung nur widerwillig zu, zum anderen schneiden sie ungeschickt ein und verhindern so eine vollständige Entleerung, was beim Rückverstauen Probleme macht, die Frauen nicht kennen und auch besser nicht kennen müssen.

Brägel ist das völlig wurscht. Er ruckelt und zuckelt, und vor ihm steigt eine kleine Dampfwolke auf. Wir entschließen uns, ihm die Trinkflaschen zu klauen. Eine junge Frau, die sich spontan der Trainingsfahrt angeschlossen hat, wendet sich mit Grausen und behauptet, dass sie so etwas noch nie in ihrem Leben gesehen und gehört habe. Wir auch nicht.

Brägel quengelt so lange, bis wir ihm die Flaschen zurückgeben. Wir beenden die Runde (32,5 Kilometer) mit drei weiteren Pausen an ausgewählten Orten – die junge Frau ist nach dem zweiten Stopp angewidert alleine weitergefahren, weil Brägel darauf bestand, sich zur Straße hin zu erleichtern, wegen des Rückenwindes. Wir haben ihm zwar erklärt, dass er mit dieser Technik ganz alleine ist auf der Welt, aber auch das war ihm egal. Das Drama gipfelte darin, dass Brägel beim vierten Stopp hektisch in der Hose wühlte und offenbar wegen der feuchtkalten Witterung nicht so recht fündig werden konnte. Wir haben ihn dann seinem Schicksal überlassen, den Handschlag zum Abschied hartnäckig verweigert und sind zurückgefahren. 20 Minuten später war auch er im Clubheim und hat noch zwei Weizen zur Spülung nachgekippt. Wir haben ihn natürlich gefragt, ob wieder alles am rechten Platz sei und was jetzt diese spezielle Hefediät (etwa 450 Kalorien) mit Fatburning zu tun hat, aber keine Antwort bekommen, weil Brägel schon wieder das Örtchen aufsuchen musste.

Letztlich bleibt die Erkenntnis, dass Männer im Wegpinkeln von Schnittgeschwindigkeiten die schlimmeren Frauen sind. Besonders Brägel, der von uns für zukünftige Ausfahrten umgestellt wird. Er darf vorher nur wenig trinken, muss Oberlenker fahren und auch im Sommer Überschuhe anziehen, damit er immer warme Füße hat, was bekanntlich den Harndrang reduziert. Außerdem haben wir ihm eine Trägerhose mit Reißverschluss geschenkt, damit er sich nicht immer so im Kreuz verbiegen muss. Was natürlich auch ein Fehler war, weil er sich neulich beim Zuziehen beinahe entmannt hätte.

Für uns ist jedenfalls klar, dass die Sportmediziner auch nicht immer Recht haben. Wer schnell fahren will, sollte eher wenig trinken. Und Brägel haben wir auch noch reingelegt. Er bekommt jetzt seine isotonischen Durstlöscher als Pulver zum Löffeln. Das wirkt genauso gut, haben wir ihm gesagt.

Er hat's natürlich geglaubt.

Vaterfreuden

*Kinder verändern sogar ein Radlerleben.
Brägel fängt sicherheitshalber schon vor der
Geburt an, sich darauf vorzubereiten*

Brägel hat wieder einmal eine neue Flamme. Das wäre an und für sich nicht besonders beunruhigend, und schlimmer als die Kaffee-aus-Nicaragua-Tante mit ihren zwei verzogenen Bengeln kann es auch eigentlich nicht mehr werden – aber diesmal hat der Lapp gleich richtig hingelangt. »Ich werde Vater«, eröffnet er uns beim Stammtisch im Radclub und lächelte dabei doof. Madonna mia – wie konnte so etwas passieren? Wir sind erst einmal alle der Meinung: überhaupt nicht, weshalb wir ihm dringend zu einem Vaterschaftstest raten, weil sich kein Mensch vorstellen kann, wie, um Himmels willen, er das geschafft haben soll. Als Brägel dann aber glaubhaft versichert, dass alles seine Richtigkeit habe und die Schwangerschaft trotz modernster Verhütungsmittel eingetreten sei, scheint uns das schon fast wieder plausibel. Brägel berichtet dann noch stolz, dass er und seine Viola in der Apotheke für 250 Mark ein Gerät gekauft hätten, dass den Hormonspiegel im Urin misst und ungefährliche Tage mittels grünem Licht anzeigt. Das rote Licht haben die beiden allerdings vier Monate lang irgendwie nicht gesehen. Als der Lapp sich dann immer mehr in Widersprüche verwickelte, wer denn nun eigentlich die Teststreifen benetzt habe,

war die Sache klar. Auch im Hinblick auf Fräulein Violas Durchblick beim Thema mit den Bienchen und den Blüten. Das Leben findet eben immer einen Weg.
Auf jeden Fall ist Brägel jetzt völlig durchgeknallt. Er hat sich einen Kinderanhänger fürs Rennrad gekauft und ihn für irrwitzige Kohle mit Campagnolo-Naben ausgestattet. Bei unserer nächsten Trainingsfahrt ist er mit seinem neuen Vater-Kind-Gefährt angetreten, drin sitzt zu Übungszwecken der Hund, der mittlerweile ausgewachsen ist, 40 Kilo wiegt, sich in dem Wägelchen fürchterlich zusammenquetschen muss und entsprechend unglücklich aussieht. Fräulein Viola ist nicht dabei, hat ihm aber vor der Abfahrt Trinkbrei in die Flasche gerührt und ihm einen Helm gekauft, weil er ja jetzt

nicht mehr nur für sich verantwortlich ist. Das mit dem Helm finden wir gut, zumal Brägel mit seinem verwaschenen Olé-Mallorca-Stirnband vom Trainingslager 1996 immer ziemlich albern aussah.

Der Trinkbrei ist aber daneben, vor allem weil er nur mittels Löffel eingenommen werden kann, was beim Training ein wenig unpraktisch ist, vorsichtig gesagt. Wie auch immer – am ersten Zweiprozenter ist Brägel jämmerlich geplatzt, was irgendwie schade ist, denn er hat mit seinem Anhänger einen wahnsinnigen Windschatten produziert. Brägel nimmt's gelassen, was uns ein wenig irritiert, da er früher eher seine Lunge herausgekotzt hat, als abreißen zu lassen.

Aber der Mann hat sich total verändert. ER schone sich, sagt er, plötzlich plädiert der Kerl für sanftes Radfahren und sein Bauch wächst auch stetig weiter. Wir erklären ihm, dass nicht er, sondern seine Viola das Kind unterm Herzen trägt, und dass Babybrei in Verbindung mit Hefeweizen kalorientechnisch verdammt ungünstig sei.

Auch das ist ihm wurscht. Sein Velo ziert jetzt eine Babyrassel, mit der aber keine lästigen Inline-Skater verscheucht werden können, weil sie die Rassel nicht hören. Den Schweiß tupft er sich mittlerweile mit einer Windel ab. Daraufhin haben wir beschlossen, Brägel aus dem Verein zu werfen, wenn er das erste Mal mit einem Schnuller auf der Trinkflasche antritt oder um Spenden für das Müttergenesungswerk bittet. Das Training schwänzt er auch immer öfter. »Ich war beim spirituellen Geburtsvorbereitungsseminar«, flötete er neulich, »und dabei haben wir Väter gelernt, unserem ungeborenen Kind entgegenzuatmen«. Keiner, wirklich keiner, wollte wissen, wie das genau geht, aber wir vermuteten das Schlimmste. Auch einen Namen für den Nachwuchs hat er schon. Wird es ein Junge, soll er Karl heißen, nach Karl Wittig, dem Deutschen Straßenmeister von 1910. Für ein Mädchen hat er sich

Arielle ausgedacht, nach einer Comicfigur von Disney – warum auch immer.

Wirklich lästig wird der Lapp aber auf der Straße. Brägel fährt jetzt sanft, grüßt höflich Spaziergänger und bremst für kleine Hunde. »Respekt vor dem Leben«, nennt er das. Früher mussten wir ihn auf Radwegen immer in die Mitte nehmen, damit er renitenten Wanderern nicht die Luftpumpe über den Schädel zog. Bei kleinen Tieren auf der Fahrbahn lautete seine Devise: beide Hände fest an den Lenker Augen zu und drüber. Und auf »Rollratten«, wie Brägel Inline-Skater gerne nennt, hat er regelrecht Jagd gemacht. Aber jetzt will er Vorbild sein, höflich und korrekt im Sattel. Wir vermuten, dass ihm seine Viola in einem Wollpulli-Laden das Buch irgendeines Sandalenträgers über die neue Väterlichkeit gekauft hat, und versuchen als Gegenmittel eine Kur mit einer harten Mountainbike-Ausfahrt im Südschwarzwald.

Brägel lehnt jedoch ab, weil die Route angeblich durch das Brutgebiet eines Dommelrohrpfeiffers (oder so ähnlich) geht. Das war's dann, die schwangere Lady hat Brägel zum Pedalsoftie umgepolt. Ist vielleicht aber auch besser so, auf jeden Fall passt sein Gehabe zum ersten Mal in seinem Radleben zu seiner Form.

Beim letzten Clubabend wollten wir Brägel gerade eine Schnullertasche mit Klettverschluss für sein Rad überreichen, als Fräulein Viola das Lokal betrat. Die Dame, an deren Existenz wir schon gar nicht mehr richtig geglaubt haben, ist ein Ereignis – eine Seite-Eins-Lady und tatsächlich schwanger, wie man unter dem auch sonst überaus gut gefüllten Sommerkleid sehen konnte. »Brägelchen« säuselte sie, »wir gehen jetzt.« Madre mio – wir wären alle gerne mit, aber das ist eine andere Geschichte. Zunächst müssen wir klären, wie um Himmels willen er das geschafft hat. Sollten wir ihn tatsächlich über all die Jahre verkannt haben?

Kann eigentlich nicht sein, oder?

Dabei sein ist alles

Wovon manche Radprofis nur träumen können, hat Brägel geschafft: bei der Tour de France mitzufahren – wenn auch nur ein paar Meter

Es konnte nicht gutgehen, auf gar keinen Fall, und deshalb machen wir uns jetzt im Radclub Vorwürfe. Warum, fragen Sie? Wir hätten es verhindern müssen, dann steckte Brägel jetzt vielleicht nicht so tief in der Tinte. Aber wer glaubt schon sowas? Der Reihe nach: Im April überraschte uns der Lapp mit der Ankündigung, dass er sich in das Feld der Tour de France schmuggeln wolle. Das war nach drei Weizen, und wir nahmen das Ganze auch nicht weiter ernst, da Brägel als werdender Vater eh seit geraumer Zeit ein wenig durchs Leben stolpert. »Pass auf«, haben wir ihm gesagt, »so wie du aussiehst, kannst du als Michelin-Männchen in der Werbekarawane von einem Sattelschlepper winken.«

Das hat ihn wahrscheinlich doch getroffen. Auf jeden Fall hätten wir stutzig werden müssen, als sich der Kerl aus einer alten Reklametafel am Vereinsheim ein Stück heraussägte, mit schwarzem Filzstift »853« draufschrieb und sich die Komposition stumpf an den Rahmen pappte. »Meine Startnummer«, sagte er, und wir haben gelacht, weil bei der Tour nur knapp 200 Fahrer starten. »Schau' lieber nach deiner Freundin«, haben wir gerufen und ihn stehen lassen. Ein großer Fehler. Brägel fuhr tatsächlich zur Tour. Ausgestattet mit Trikots und Hosen von Telekom, Festina und Mercatone Uno. Letztere waren zwar gar nicht dabei, aber das war eh wurscht, da Brägel von jedem Team immer nur ein Teil besaß: Hose von Telekom, Trikot von Festina und Tennissocken aus dem Supermarkt. Dazu hatte er seine Waden rasiert, die Haare millimeterkurz geschoren und auch noch ein Gelbes Trikot von »La Vie Claire« dabei. Dieses Team ist zu einer Zeit gefahren, als sogar Brägel noch jung und vor allem schlank war. Aber das war ihm, wie so vieles, egal. Genau wie der Rückschlag, als es auf der Etappe von Straßburg nach Pontarlier derart regnete, dass kein Mensch bemerkte, dass er tatsächlich drei Kilometer am Ende des bummelnden Feldes mitgerollt ist. Die Rennfahrer waren alle so dick eingepackt, dass Brägel in seiner Festina-Telekom-Kombination nicht weiter auffiel.

Doch Brägel wollte höher hinaus. Er machte sich auf die Suche nach dem Col de la Madeleine, endete aber wegen seiner mangelnden Sprachkenntnisse erst einmal in einem Provinzbordell (»Chez Madeleine«) in der Nähe von Chamberry. Bis er sich aus den Klauen der Damen befreit hatte, war Lance Armstrong bereits am Ziel in L'Alpe d'Huez. Also nix mit Madeleine, zumindest nicht auf dem Rad. Brägel ließ nicht locker, fuhr mit dem Auto zum Bergzeitfahren nach Grenoble, parkte an der Strecke, direkt neben Didi Senfft. Das ist der Mann, der seit Jahren den Teufel gibt, der mit viel Gebrüll und knappem Wortschatz neben den Profis

hersprintet und den Dreizack schwingt. Brägel ging um 14.12 Uhr auf den Kurs, zwischen der Startnummer 174 und der 29. Erwartungsfroh stampfte er bergauf, die Sonnenbrille auf dem rasierten Schädel, seinen Handy-Freisprecher im Ohr, aber leider mit 39 x 28 – mehr kann er halt nicht. Kein Mensch klatschte, kein TV-Motorrad war zu sehen, nix war los, außer dass sich zwei betrunkene Holländer mit Bier vollspritzten. Zu langsam, zu dick und überhaupt. »Ülrick?«, fragte ein kleiner Franzose seinen Papa. »Non, touriste«, war die Antwort. Kurz danach hupte ein Tour-Motorrad Brägel rüde zur Seite. Die Nummer 29 hetzte vorbei.
Wild entschlossen ging Brägel noch einmal »en route«. Ganz hinten, kurz nach Lance Armstrong, zwischen Kivilev und Simon. Brägel hatte das alte gelbe Trikot von La Vie Claire an, und da der gute Diabolo gerade neben ihm Radau machte, kam er tatsächlich ins Fernsehen. Brägel auf dem Weg nach Chamrousse – live. Uns hat's im Radclub vor der Glotze fast die Biergläser aus den Händen gehauen, und seine Viola bekam vorzeitige Wehen. Aber dann wurde Brägel von zwei Gendarmen in einem Auto einfach umgefahren. Wir sahen noch, wie er sein Trikot vor der Kamera lupfte und konnten auf seinem Unterhemd »Viola, ich liebe dich« lesen, dann war das Bild weg. Er auch. Da die Polizei bei Brägel zwei Magnesiumtabletten fand, kam es zum Eklat. »Dopage?«, haben sie ihn gefragt. Brägels Antwort: »Ich bin kein Arsch.« Dann hat er dem ersten Gendarmen auch noch eine gelangt.
Mittlerweile ist Brägel wieder zu Hause und wartet auf seine Verhandlung. Angeklagt wird er wegen Widerstands gegen die Staatsgewalt, Verunglimpfung von nationalen Sportsymbolen (Gelbes Trikot) und unerlaubtem Medikamentenbesitz. Er hütet die Sportzeitung »L'Equipe« vom 19. Juli wie seine schwangere Viola. Auf der sechsten Radsportseite steht ganz unten ein kleiner Artikel unter der Überschrift »Der verrückte Deutsche«. Daneben ein Bild, wie Brägel gerade Handschellen angelegt werden und vier Poli-

zisten ihren geohrfeigten Kollegen daran hindern müssen, Brägel mit dem Schlagstock eins überzuziehen.
Im kommenden Jahr will er aber unbedingt wieder zur Tour. Natürlich mit dem Rad, wieder mit einer Nummer und einem Trikot. »Ich schaff' das schon noch«, sagt er. Hoffentlich lässt er wenigstens sein Kind zu Hause.

Voll auf Touren

Ewig Zweiter – oder endlich die Drehzahl erhöhen: Brägel hat die Entscheidung für sich schon getroffen …

Wenn ganz normale männliche Menschen zusammen Rennrad fahren, endet die Normalität am ersten Hügel. Immer, wenn es nur ein kleines bisschen bergauf geht, befiehlt das Stammhirn: »Lieber tot als Zweiter.« Und die Beine kreisen, bis Meniskus oder Lunge platzen. Vielleicht liegt das im genetischen Code von Männern, der körperliche Schwäche nur im Widerstand gegen das dritte Weizen vorsieht – wenn überhaupt. Seit der Tour 2003 wissen wir aber auch, dass man fast über den Lenker kotzen kann und trotzdem nur Zweiter wird, wie es Herrn Ullrich passiert ist. Das nennen wir ehrenvoll und tapfer, weil Jan wirklich gekämpft hat wie ein Löwe, auch wenn ihn Armstrong im entscheidenden Moment immer versenkt hat, der Sauhund, der texanische.
Für Brägel wären das eigentlich traumhafte Erkenntnisse, die Chance sozusagen. Endlich mal einer, der abgeledert wird und trotzdem irgendwie Sieger ist. So geht es Brägel schließlich dauernd. Einer ist immer schneller. Meist sogar mehrere und nicht selten alle – aber das ist ein anderes Thema. Brägel hatte jedenfalls die einmalige Möglichkeit, endlich mal ein passendes Vorbild zu haben und sich natürlich anders entschieden. Neulich hat er sich im Clublokal in 40 Minuten vier Babyweizen reingezogen. Die Bedienung ist schon hibbelig, weil sie so viel laufen muss, aber

Brägel lässt sich nicht stören. »Drehzahl macht Meter«, sagt er. Das muss er uns erklären. Armstrongs Technik habe ihn überzeugt. Wer schneller tritt, ist früher da, und deshalb werde er jetzt sein gesamtes Leben beschleunigen. Am Rad hat er sich vorne ein drittes Kettenblatt und einen Trittfrequenzmesser montiert. »Nie unter 100«, erklärt er und bestellt das fünfte Weizen. Himmel hilf, wenn der Lapp überhaupt eine Stärke hat, dann die des Kampfrollens. In der Ebene ist Brägel mit seinen gut 90 Kilo gar nicht so schlecht – wenn er endlich in Schwung ist und den dicken Gang halbwegs

rund halten kann. Jetzt kreiselt er wie ein Hamster im Rädchen, ist dabei aber nullkommanull schneller als früher. Im Gegenteil. »Egal, das kommt noch«, sagt er.
Natürlich kommt da nix. Aber wenn Brägel sich was vornimmt, kennt er keine Gnade. Seinen zitronengelben Japaner hat er schon erfolgreich ruiniert, weil er im dritten Gang bei Bullenhitze mit 120 über die Autobahn genagelt ist. Zu Hause dreht er seine Isodrinks durch den Mixer, weil sie dann ordentlich in Schwung kommen, ein Spinningrad hat er sich auch noch gekauft. Wir vermuten außerdem, dass er auch bei seiner schwangeren Freundin die Drehzahl erhöht hat. Die arme Viola schaut in letzter Zeit ein bisschen gehetzt aus, was wohl nicht daran liegt, dass sie in zwölf Wochen einen Minibrägel auf die Welt bringen soll. Eigentlich brauchen Frauen in dieser Zeit noch mehr Zuwendung, und wir erfreuen uns an der Vorstellung, wie sich Brägel seiner Herzdame mit stark erhöhter Trittfrequenz annimmt. Das erheitert auch die Bedienung, die schon das sechste Babyweizen anschleppt. »Vergiss es, Brägel«, erkläre ich ihm, »Drehzahl alleine nützt nichts, man braucht Kraft – und natürlich weniger Gewicht.« Das wisse er, sagt er, und er arbeite an allem. Als Krafttraining mache er zum Beispiel Klimmzüge. Wir erklären ihm, dass man Fahrräder mit der Beinmuskulatur antreibt – die meisten wenigstens. Zur Straffung seiner Figur hat er sich einen Rollentrainer gekauft, den er in einer Dauerwerbesendung gesehen hat. Das Teil besteht aus einer Stange und zwei Rädern, die man aus kniender Position über den Boden hin- und herschiebt. Im Fernsehen macht das in vier Wochen aus einem Mann mit Hängebauch einen Ersatztarzan. Bei Brägel hat die Übung aber nur zwei Rillen im Teppich hinterlassen. Auch beim Essen gibt er Gas. »Du musst schneller kauen, die Nährstoffe werden dann schon im Mund aufgenommen«, erklärt er und schiebt eine große Gabel voll Kässpätzle zwischen die Weizen. Was das mit Radtraining zu tun haben soll, verrät er nicht. Statt dessen bestellt

er das siebente Weizen. Danach geht er ein klein wenig unsicher auf die Toilette, und wir beginnen den Spruch: »Drehzahl macht Meter« zu verstehen.

»Versuch' doch lieber, Ullrich zu kopieren«, raten wir ihm. »Fahren mit Druck, das ist doch was für dich.« Nein, Armstrong hat es ihm angetan. »Ich mache alles so wie er«, tönt er. Wir fragen uns natürlich, ob sich Brägel auch operieren lassen will. Zuzutrauen wär's ihm, aber so weit wird er es hoffentlich nicht kommen lassen. Vielleicht meint er auch, dass er jetzt wie Armstrong bei der Post arbeiten will. Als Landbriefträger mit Ein-Gang-Velo. Da könnte er mit hoher Trittfrequenz Briefe ausfahren. Wir machen ihm den Vorschlag nach seinem achten Babyweizen, aber er hört nicht mehr zu. Das hohe Tempo fordert seinen Tribut, Brägels Drehzahl sinkt zusehends. Wir bringen ihn heim. »Immer schön langsam, Alter«, verabschieden wir ihn an der Tür. Hoffentlich hat er es kapiert, schon wegen der armen Viola.

Das Grauen hat einen Namen

*Ein Brägel kommt selten allein – zumindest,
wenn es nach ihm selber ginge ...*

Es war nach ziemlich genau 42 Kilometern einer mittelprächtigen RTF. Brägel war platt. Puterrotes Gesicht, teigiger Tritt, jämmerliche Gänge. Und das Anfang September, wo es ja eigentlich mal gehen sollte, und auch noch vor dem ersten Berg. Aber es ging natürlich wieder mal nix. Nach einem Drittel der Strecke war Schluss mit lustig und Brägel stammelte etwas von einer heimtückischen Infektion, die weder Fieber noch Symptome zeige, außer einer hinterhältigen Schwäche, die sich wie flüssiges Blei in seine Glieder senke. Wie auch immer – wir fuhren weiter, er nach Hause, wobei er wieder mal erstaunlich schnell regenerierte. Abends jedenfalls fanden wir ihn in aufgeräumter Stimmung am Stammtisch im Clubheim, wo er, über einen Stapel Bücher und Zeitschriften gebeugt, Weizenbier ventilierte und derartigen Unsinn verzapfte, dass wir tatsächlich an einen heimtückischen Virus gedacht haben – allerdings in seinem Gehirn.
»Ich lasse mich klonen«, bellte er los, »gleich viermal, und wenn dann einer von uns nicht mehr kann, dann fährt der nächste und so weiter.« Brägel strahlte. Wir waren entsetzt. Fünf Brägels und alle so wie Brägel, das wäre Albtraum, Armageddon und die Rocky-Horror-Picture-Show zusammen. Zum Glück geht das nicht, zumindest noch nicht. Wir weisen ihn dezent darauf hin, dass er die Hälfte seiner Mickrigkeit doch ganz normal vervielfältigt hat,

schließlich bekommt seine Viola in acht Wochen ein Kind, auch wenn keiner weiß, wie er das hingekriegt hat. Zweitens ist das Verfahren noch nicht ausgereift und funktioniert nicht mal bei Schafen richtig, die, obwohl man es im konkreten Fall kaum glauben kann, genetisch eine bisschen einfacher gestrickt sind als Menschen. Außerdem gäbe es bei dem Gedanken an eine menschliche Reproduktion auch ethische Bedenken, aber das hat er nicht verstanden.

Es nutzt alles nichts – Brägel will seine »Erbinformation aufpeppen lassen« und dann als multiplizierter Lapp durchs Land rollen. »Vielleicht gewinne ich dann die Tour«, jauchzt er. Wohl kaum, Brägel, vielleicht kann man dich eines Tages ja tatsächlich kopieren, aber immer nur dich. Und viermal wenig gibt am Ende eben auch nicht viel. Ich gehe jedenfalls jede Wette ein, dass selbst fünf Brägels gegen unseren Clubmeister Jäger keine Chance hätten – zumindest nicht am Berg. Und dann die Kosten: Fünf Velos, fünf zitronengelbe Japaner – der einzige, der sich wirklich freuen könnte, wäre unser Getränkehändler, der plötzlich vier Kisten Hefeweizen pro Woche mehr verkaufen würde. »Lass lieber den Hund klonen«, raten wir ihm, »der ist schließlich wirklich ein netter Kerl.«

Die letzten zwei intakten Stammzellen in seinem Resthirn haben ihn dann irgendwann doch noch überzeugt, nicht der abstrusen Sekte beizutreten, die Michael Jackson und Adolf Hitler klonen will. Dafür gibt er sich jetzt inbrünstig der bevorstehenden Geburt seines Nachwuchses hin. Er hat das Trainingsbuch von Lance Armstrong gekauft und die TOUR-Trainingsplaner der letzten Jahre rausgekramt. Er hat sich auch schon bei unserem Vereinstrainer nach der kleinsten Rahmengröße für Kinder erkundigt. Für den kommenden Juli will er sich ein großes Zimmer in einem Chateau in Vizille mieten. Das ist nicht weit weg von L'Alpe d'Huez, wo er seinem Nachwuchs die Tour de France zeigen will. Dagegen spricht natürlich einiges: Kein Mensch weiß, ob die nächste Tour tatsächlich nach L'Alpe d'Huez fährt, ob Brägel nicht vielleicht doch eine Tochter bekommt, was er kategorisch ausschließt, und ob so ein Winzling über den Rand des Alete-Glases hinaus überhaupt etwas wahrnimmt. Ganz nebenbei könnte es auch sein, dass die Mutter andere Pläne hat. Wenn er so weiterspinnt, wird sich seine Rolle wahrscheinlich recht schnell aufs Alimentezahlen reduzieren.

Aber wir kennen ihn ja – wenn der Mann von einem Wahn befallen wird, dann richtig. Er trainiert jetzt auch doppelt so viel, damit er

die nötige Fitness für den Kreissaal hat. Zur Zeit sucht er nach einem Schneider, der ihm einen Strampelanzug in Form eines Zeitfahr-Einteilers näht, damit der, die oder das Kleine standesgemäß die Klinik verlässt. Abends zwingt er seine Viola, mit ihm noch mal alle Bergetappen der Tour auf Video anzuschauen. »Ungeborene Kinder«, so Brägel, »bekommen durchaus mit, was da draußen geschieht.« Hoffentlich nicht, zumindest nicht in diesem Fall.
Langsam bekommen wir es mit der Angst zu tun, was sich der Wahnsinnige die nächsten acht Wochen noch ausdenken will. Wenigstens redet Brägel aber nicht mehr übers Klonen. Sollte die menschliche Vervielfältigung tatsächlich einmal klappen, wäre es uns auch lieber, man würde Brägels Partnerin kopieren. Dann könnten sich wenigstens fünf Frauen diesen Wahnsinnigen teilen, und wir hätten zumindest optisch auch etwas davon.
Es gibt ja noch andere Dinge im Leben als Radfahren.

Der Stammhalter

*Es ist soweit: Brägel ist Vater geworden –
und hat, wie erwartet,
gewisse Anpassungsprobleme*

Es war alles perfekt vorbereitet. Die Räder geputzt, die Waden zum letzten Mal im Jahr rasiert und geölt, die letzten Kreatin-Beutelchen geschluckt. Finale furioso, Abschieds-RTF vor der Winterpause. Wir warten am Clubheim, aber Brägel kommt nicht. Kein zitronengelber Japaner weit und breit. Mal wieder typisch für den Lapp, wochenlang schwallt er davon, wie er uns vor der Pause noch mal richtig abledern will, aber dann kneift er. Aber was soll man auch schon groß von einem erwarten, der sich jetzt sogar die sündhaft teuren Hyperon-Räder von Campa bestellt hat, obwohl er in diesem Jahr nur 2.625 Kilometer auf seinem Tacho hat? Eben. Ausnahmsweise hat Brägel aber mal eine plausible Entschuldigung für sein Fehlen.

Das Unglaubliche ist tatsächlich passiert: Brägel ist just an diesem Tag Vater geworden – obwohl sich bis heute noch niemand vorstellen kann, wie er das gemacht hat. Natürlich ein Junge: Er heißt Jan Miguel Maurice Brägel. Maurice übrigens nicht nach Maurice Garin, dem Toursieger von 1903, sondern weil Viola wenigstens einen der Vornamen bestimmen wollte.

Nach der Geburt ist Brägel zwei Wochen völlig abgetaucht. Natürlich sind wir alle sauer, weil er noch keinen ausgegeben hat.

Zudem fahndet der Radhändler nach ihm, weil kein Mensch außer Brägel die teuren Laufräder haben will. Als er nach zwei Wochen doch wieder auftaucht, sieht er schlecht aus. Blass, ein wenig teigig um die Hüfte und mit einer Sporttasche in der Hand. »Kann ich ein paar Tage bei dir wohnen?«, fragt er. »Wir haben Stress.«
Das Drama fing schon am Morgen der Geburt an. Brägel packte gerade seinen Krempel für die RTF, als die Wehen einsetzten. Erst wollte Brägel gar nicht mit in die Klinik. Schließlich gelang es seiner wimmernden Freundin doch noch, ihn zu überzeugen. Die

Radklamotten ließ Brägel aber an, für den Fall einer schnellen Geburt. Im Kreißsaal machte er sich sofort unbeliebt, weil er der Hebamme und dem Arzt unentwegt seine Abenteuer vom Mont Ventoux erzählte und seiner Viola seelenlose Ratschläge erteilte: »Mach's wie ich in Alpe d'Huez; immer feste drücken, rhythmisch atmen, weiterdrücken.«
Die Hebamme wollte ihn aus dem Saal werfen lassen, aber Brägel hat die Geburt dann doch noch live miterlebt, weil es tatsächlich schnell ging. Brägel junior ist ein ganz normales Kind; wir fürchten nur, dass das nicht lange so bleibt. Zu Hause ging der Stress weiter. Brägel hatte das Kinderbettchen im mittlerweile blau gestrichenen Radkeller aufgestellt, damit Jan Miguel (Brägel sagt nie Maurice) sofort die Atmosphäre und Faszination des Rasports spüren kann. Peter Graf habe das mit seiner Steffi auch so gemacht, sagt er. Peter Graf hat seine Tochter gewiss schon früh dragsaliert; es ist aber nicht überliefert, dass Steffilein als Säugling in einer Tennishalle schlafen musste. Viola gelang es natürlich, ihr Kind im Schlafzimmer unterzubringen, was Brägel überhaupt nicht lustig fand. Zudem weigerte er sich hartnäckig, nachts bei dem Kleinen die Windeln zu wechseln. Er sei ausschließlich fürs Training zuständig, erklärte er seiner Viola, die sich daraufhin die Telefonnummer vom Frauenhaus aufgeschrieben hat.
Richtig eklig wurde dann der Kampf um die Verteilung der Ressourcen. Brägel wollte überhaupt nicht einsehen, dass ein Säugling Geld kostet. Statt Windeln schlug er vor, das Baby nackt auf eine alte Plastikplane zu legen, mit der er früher im Winter sein Motorrad abgedeckt hat. Die könnte man bei Bedarf mit dem Schlauch abspritzen. Statt Babycreme stellte er einen Topf Radfett ins Bad, Strampelanzüge sollte Viola aus seinem alten Zeitfahr-Einteiler von Banesto schneidern. Was er statt Babyfläschchen vorgesehen hat, kann man sich denken. Spätestens dann würde es aber gefährlich fürs Kind, weil die Rückstände aus Brägels Bidons

selbst gesunde Erwachsene umbringen können. Ganz zu schweigen von der Tatsache, dass Brägel vor einiger Zeit mit Eigenurin-Doping experimentiert hat.

Viola hätte die Spinnereien wohl trotz allem ausgehalten, wäre da nicht der Anruf des Radhändlers gekommen, der seine Laufräder bezahlt haben wollte. »Sagen Sie Brägel, er soll zwei Riesen mitbringen«, bellte er Viola ins Ohr, die daraufhin die Restfassung verlor. Billigstbrei bei Aldi kaufen, aber 2.000 Euro für Laufräder ausgeben – Brägel flog raus.

Da sitzt er nun. Dass er sich auch noch die neue 3x10 von Campa bestellt hat weiß Viola noch nicht mal. Sportlich gesehen ist die neue Gruppe zwar verständlich, zumindest das dritte Kettenblatt vorn wird ihm gut tun; aber jetzt muss er erst einnmal anders geholfen werden. Wir erklären Brägel, dass sei Sohn durchaus Anspruch auf moderne Windeln und ordentliche Ernährung hat und das moderne Männer nachts nicht nur zum Pinkeln aufstehen. »Ich bin kein moderner Mann«, stöhnt Brägel, was nun auch wieder stimmt. Dann bringen wir ihm bei, dass er mit keiner technischen Neuerung auf der Welt jemals Clubmeister werden wird und entwickeln eine Deeskalationsstrategie. Er soll einen Strauß Blumen kaufen, eine supertolle Babyrassel und die teuersten Windeln – und dann seiner Viola ewige Liebe schwören. Zuvor soll er dem Radhändler klar machen, dass der die Laufräder dem Großhändler zurückgeben soll, weil sonst niemand mehr vom Club bei ihm kaufen würde.

Mal schauen, ob es funktioniert. Bei Brägel muss man aber Angst haben, dass er mit dem Blumenstrauß den Radhändler um Verzeihung anfleht und seine Viola nachher fragt, ob man das Kind nicht beim Großhändler zurückgeben kann. Wir können nur hoffen, dass es nicht so weit kommt.

Weil …, weil …

*Brägel kann auch nützlich sein: Seine besten
Ausreden für plötzliche Formschwächen.
Zur freien Verfügung …*

»So Buben; auf geht's, suupi, jetzt nochmal richtig«, jubelt Brägel am Anstieg zum Col de la Grande Finale. In Wahrheit heißt der Hügel natürlich nicht wie ein französisch-italienischer Eisbecher. Es ist eine namenlose Erhebung mit etwa 180 Meter Höhenunterschied, die immer am Ende der Trainingsrunde unseres Radclubs liegt. Aber wir wollten ja von Brägel berichten. Der also haut zwei Gänge hoch, geht aus dem Sattel, tritt, was er kann und zwar ziemlich exakt 24 Sekunden. Dann platzt Brägelchen wie zu erwarten, rührt in den Gängen, stellt die Knie seitlich aus, ruckt am Lenker und bleibt fast stehen. Wir fahren vorbei, grüßen freundlich. »Suupi«, ruft einer. Die anderen lachen.
Abends, im Clubhaus, erzählt uns Brägel mit stockender Stimme, warum es wieder mal nicht ging. Er sei seit zwei Monaten Mitglied im esoterischen Zirkel »Kreisender Kosmos« und hätte zur seelisch körperlichen Läuterung just vor der Winterausfahrt vier Tage bei Gemüsebrühe und Mineralwasser gefastet.
Das sei zwar suupi, mache aber ein bisschen müde. Warum der Lapp jetzt einem Wiedergeburtsverein beigetreten ist, fragen wir erst gar nicht, weil es eh keiner glaubt, zumal Brägel gerade das zweite Weizen zu seinem Schniposa-Teller (Schnitzel, Pommes, Salat)

bestellt. Mal abgesehen davon, dass der Menschheit nicht viel verloren ginge, wenn es Brägel nur einmal im Kosmos gäbe, fällt die Geschichte wohl eher unter die Rubrik »Beste Ausreden« – und darin ist der Mann Weltmeister, wenn nicht gar »Master of the Universe«. Keine Schwäche, die Brägel nicht haargenau erklären könnte. Im Folgenden deshalb seine Best-of-Liste, ohne Anspruch auf Vollständigkeit.

Das Naheliegendste sind körperliche Probleme, die er allerdings exklusiv auf dieser Welt hat. Zum Beispiel die chronische

Virusinfektion, die seit Monaten verschiedene Spezialisten deutschlandweit in Atem hält, die aber auch nicht so genau wissen, was dem Mann fehlt. Der Virus lässt den armen Kranken die meiste Zeit völlig in Ruhe und entfaltet seine zerstörerische Kraft nur bei körperlicher Beanspruchung, wobei durchzechte Nächte bei Weihnachtsfeiern nicht dazu gehören. Gut macht sich auch die Aussage, dass Nebenwirkungen der Medikamente, die er wegen seiner rätselhaften Infektion ständig einnehmen müsse, wichtige Stoffwechselvorgänge negativ beeinflussen und ein Verkleben der roten Muskelfasern zur Folge haben würden. Wahlweise zu diesem Szenario philosophiert Brägel nach peinlichen Auftritten am Berg über eine orthopädische Schwäche im rechten Kniegelenk. Dabei wirft er mit Ausdrücken wie Meniskus-Läsion, chronisch entzündeter Kapsel und Ähnlichem um sich, kann aber mit dem final geschädigten Gelenk problemlos vier Stunden suupi Ski fahren. Wir raten ihm zu einer Operation, Brägel lehnt ab, weil »jede Narkose dein Leben um ein Jahr verkürzt«, wie er sagt. Abgesehen davon, dass ein Jährchen angesichts seiner anstehenden Wiedergeburt locker zu verschmerzen sein dürfte, hat er dieses Wissen um die Narkosefolgen exklusiv.

Gerne rharbarbert Brägel auch über Statikprobleme an und auf seinem Velo. Neulich hat er sich dabei selbst übertroffen. Der Lapp hat zum Geburtstag von seiner Viola suupi-neue Radsocken geschenkt bekommen, mit einer etwas dickeren Sohle, weil ja der Winter vor der Tür steht. Diese Socken waren dann für einen Schwächeanfall verantwortlich, den er damit erklärte, dass sich durch die dicke Sohle seine Sitzposition verändert habe. Er sei plötzlich vier Millimeter zu hoch gesessen und hätte deshalb seine urwüchsige Kraft nicht optimal aufs Pedal übertragen können. Himmel, hilf. Einer hat diese Geschichte tatsächlich geglaubt und die Sohlendicke seiner Socken vermessen. Kein Witz!

Vor jeder Ausfahrt unternimmt Brägel zudem exakte Vermessungen an seinem Rad. Zwischen Sattelspitze und Vorbau müssten eineinhalb Armeslängen Luft sein; wobei er meistens so draufsitzt, als habe er die Armlänge eines Orang Utan zum Maß genommen, und zwar zweieinhalbmal. Auch Messfehler zwischen Sattelunterseite und Tretlagermittelpunkt müssen oft als Grund herhalten. Peinlich war aber die Ausrede mit dem Sattelstand. Da die Sattelspitze sechs Grad zu steil nach oben ging, habe es ihm wegen verstärkten Hodendrucks die Blutversorgung im Oberschenkel abgestellt, jaulte er neulich.

Unerreicht sind Brägels psychologische Ausreden: Natürlich sei die Weltlage alles andere als suupi und wirke leistungsmindernd aufs Gemüt; vor allem durch die Baisse an den Finanzmärkten, Sabine Christiansens Trennung von ihrem Mann oder den Film »Drei Schwedinnen auf Ibiza« in RTL2. Warum gerade der? »Weil er erst um 2.45 Uhr anfing«, sagt Brägel, »war zwar suupi, aber jetzt bin ich müde.« Ganz neu ist die Eingebung, dass er sich in diesem Leben nicht so plagen soll, weil ihm die Wiedergeburt als Skilehrer in St. Moritz avisiert wurde. »Und da braucht man volle Power«, sagt Brägel.

Suupi. Wir nicken voller Verständnis und fragen ihn, ob er bei unserer 50-Kilometer-Weihnachtstour am 6. Dezember mitfahren will. »Natürlich bin ich dabei«, behauptet er, »im Moment bin ich suupi in Form«. Das wird sich ändern bis zum Start, das ist sicher. Wahrscheinlich waren dann die Zimtsterne schlecht, wenn es ihn wieder aus der Gruppe raushaut. Oder die Vorfreude auf das Nikolausfest mit seinem Junior ist schuld, oder das traurige Leben von Dieter Bohlen – warum auch immer. Wir werden's erfahren. Subito.

Seitensprünge

*Sogar Stars wie Jan Ullrich machen es vor:
Im Winter gibt's ein Leben ohne Rad und
stattdessen viele andere schöne Sportarten.
Aber muss man's denn gleich wieder übertreiben?*

Es gibt Anblicke, die sind nur schwer zu ertragen, vor allem frühmorgens. Neulich bin ich auf dem Weg zur Arbeit Brägel begegnet. Erkannt habe ich ihn nur an seiner Stimme. Er hatte seine Haare pechschwarz gefärbt, die Strähnen anscheinend mit Campa-Fett eingesülzt und streng nach hinten gekämmt. Brägel sah aus wie ein

Immobilienhai, meinte aber entrüstet, er wolle sich doch nur den neuen Kumpels vom Bowling-Club annähern. Bowling-Club? Was um Himmels Willen er da wolle, fragte ich. Brägel ölte, dass er im Winter keinen Bock auf Radfahren habe und deshalb die sechs Wochen bis zum Training auf Mallorca Ausgleichssport betreibe. Ich erklärte ihm, dass Bowling kein Sport und die Luft auf den Bahnen ungefähr so gesund sei wie Rollentraining in der Tiefgarage. War Brägel egal. Drei Tage später wurde er allerdings von der Bowlingbahn vertrieben. Weil er darauf bestand, in Radschuhen zu spielen. Sagt er. Es gibt aber auch die Version, laut der er sich nach vier Hefeweizen etwas zu laut über die »Kugeln von der Frau da drüben« ausgelassen hatte. Die »Frau da drüben« war die Gattin des Club-Präsidenten.

Mittlerweile trägt er sein Haar wieder wie gewohnt, Radfahren ist trotzdem nicht. Sein nächster Coup: Er schließt sich dem Nudistenverein, Sektion »Wintersaunierer« an. Auch kein erbaulicher Anblick. Der nackte Brägel erinnert an das Michelin-Männchen, mit kleinem Henkel unten dran. Wir vom Radclub können dem ja ausweichen, indem wir in eine normale Sauna gehen; aber die armen Nudisten ... Nach knapp einer Woche redet er sich bei der Schilderung seiner Tourmalet-Bezwingung anno '97 so in Rage, dass sein Kopf rot glüht und sich sein Henkelchen in Richtung erste Bauchfalte erhebt – was auch in Nudistenkreisen als eher unschicklich gilt. Wieder nix. Also versucht er's mit Skigymnastik. Dumm nur, dass seine jämmerlichen Beinmuskeln beim Wedelhüpfen sein Sprunggelenk nicht richtig festhalten, und sich der Kerl schon in der ersten Stunde den Fuß verstaucht. Der Arzt verschreibt Eispackungen und nach dem Abschwellen leichtes Radtraining zur Mobilisierung; Brägel lehnt dankend ab. Kann der Kerl stur sein.

Als er wieder gehen kann, entdeckt Brägel den Skilanglauf. Er kauft sich Ski, aber keine passenden Klamotten und wird in der Loipe im Rad-Dress gesichtet. Da er außerdem mit Alpin-Skistöcken unterwegs ist, sehen seine Bemühungen etwas albern aus. Ein Warmluft-Einbruch erlöst ihn und den Rest der Menschheit. Ab ins Fitness-Studio, denkt Brägel und tritt mit Radhose, -socken, -handschuhen und Olé-Mallorca-Stirnband an die Geräte. Radeln auf dem Ergometer zum Aufwärmen lehnt er selbstverständlich ab. Brägel trainiert meistens am Vormittag und vor allem den Bizeps. Schließlich ist das die einzige Maschine, an der er halbwegs sicher zehn Kilo schafft. Nach zwei Wochen bilden sich zwei walnussgroße Knubbel unter der schwammigen Haut seiner Oberarme. Brägel ist begeistert. Im Januar taucht er überall im T-Shirt auf und spannt beim Plausch mit Freunden immer ganz langsam den Bizeps an. Das Ende der Fitnesskarriere naht, als ihm die Frau am Empfang den Aufnahmeantrag präsentiert. Bis dahin hatte er immer Gutscheine für Probetrainings eingelöst. Zwölf Stück, ausgeschnitten aus allen Zeitungen der Region. 200 Euro einmalig will sie nun haben, dann jeden Monat 60. Dazu müsse er noch einen sportmedizinischen Check für 100 Euro machen, weil er ja »schon über 50« sei. Brägel ist 41 und entrüstet über diesen Anschlag auf seine Ehre und vor allem seinen Geldbeutel. Abgang. Und Blondie vom Empfang macht keinen Versuch, ihn daran zu hindern.

»Back to the roots«, bellt Brägel nun, kauft sich Laufschuhe und einen Leichtlauf-Kinderwagen für Jan Miguel Maurice. Leider lenkt Brägel den Kinderwagen beim ersten Training volle Kanne in einen Gullideckel. Das Wägelchen samt Nachwuchs überschlägt sich, und Viola droht mit Auszug. Brägel will seine Laufschuhe sofort verkaufen; dass der Markt für verschwitzte Treter Größe 45 verdammt eng ist, interessiert ihn dabei wenig.

Letzter Versuch: Schwimmen. Brägel erwirbt eine verspiegelte Schwimmbrille sowie eine schwarze Badehose, deren dezenter Schnitt leider von der letzten Bauchfalte fast verdeckt wird, und trainiert auf der Seniorenbahn des örtlichen Schwimmvereins. Nach dem dritten Abend fängt es bei ihm zwischen den Zehen wie wild an zu jucken. Der Hausarzt attestiert Fußpilz, Viola verbietet ihm den Kontakt zu Jan Miguel und den Zugang zum gemeinsamen Bett, und ich begrabe endgültig den Gedanken, Brägels Laufschuhe (Neupreis: 145 Euro) vielleicht doch noch für einen Zehner abzustauben.

In vier Tagen startet endlich der Flieger nach Mallorca, und Brägel reist mit. Es gibt eben doch keinen Ersatz fürs Radtraining. Vorher will er aber noch mal zum Bowling. Der Club-Präsident hat die Stadt verlassen, mit ihm seine Frau. Also kann Brägel wieder die Kugel rollen lassen und verkündet glücklich: »Dann habe ich die Laufschuhe nicht ganz umsonst gekauft.« Doch, Brägel. Bowling spielt man nämlich in Schuhen mit harten Ledersohlen. Wird er zwar nicht glauben, ist aber egal – noch vier Tage bis Mallorca.

Drum prüfe ...

*Brägel traut sich:
Und von den Freuden der
Ehe erhofft er sich die Form seines Lebens.*

Dass grundsätzlich vernünftige Menschen sich an Silvester Dinge vornehmen, die sie sowieso nie durchziehen, ist nicht neu. Gerade deshalb hätten wir vom Radclub aber gewarnt sein müssen, als Brägel zwei Minuten nach Mitternacht in die Runde lallte, dass er sein »Verhältnis zu Viola im neuen Jahr bald alimentieren« wolle. Er meinte natürlich legalisieren, aber wir haben auch so verstanden. Außerdem könnte das mit dem Alimentieren ja durchaus eine Folge sein. Danach zündete er mit seinem Feuerzeug einen Böller an, pfefferte das Feuerzeug johlend in die Landschaft und wäre wahrscheinlich glatt entmannt worden, wenn ihm nicht einer von uns gerade noch rechtzeitig den Böller aus der Hand geschlagen hätte.
Doch Brägel hat überlebt und sprach auch zwei Tage später noch von Heirat, vom Bund fürs Leben und ähnlichem Unsinn. Die Lage ist also ernst; zumal auch seine Herzdame diesen Wahnsinn mitmachen will – was allerdings kein Mensch verstehen kann. Egal. Zunächst mal hatten wir vom Club das Problem, wie wir die beiden nach der Kirche empfangen sollten. Bei den Proben zum Defilee unter hochgereckten Velos ging so gut wie alles schief. Bei Brägels Hochzeit hätten wir damit rechnen müssen, dass der

Schleier seiner Viola von einem Pedal abgeräumt wird, oder dass altes Kettenöl auf sein reduziertes Haupthaar tropft. Schließlich haben wir uns zu einem Ehrengang unter Laufrädern durchgerungen. Aber auch das stellte sich als unnötig heraus, weil Brägel nämlich die kirchliche Zeremonie Anfang Februar auf Mallorca geplant hat – in Verbindung mit einem Trainingslager. Außerdem hat er das komplette Team Telekom in die Kirche eingeladen. Wir haben ihn zwar darauf hingewiesen, dass kurz nach der Eheschließung Radfahren der völlige falsche Sport sei, genützt hat es aber nichts. Wir müssen uns wohl endgültig damit abfinden, den letzten Junggesellen in der Runde zu verlieren und dürfen nicht mal mitfeiern. Das ist hart.

Wenn wir die Heirat also schon nicht verhindern konnten, wollten wir wenigstens wissen, woher denn der plötzliche Entschluss kam. Brägel erklärte uns, dass er allein durch den Steuervorteil jedes Jahr ein komplett neues Rad kaufen könne, dass er seinem Sohn ein »richtiger« Vater sein wolle, dass seine wilde Phase vorbei sei, dass Viola unbedingt Brägel heißen wolle, und dass er später mal die Mathearbeit von Jan Miguel unterschreiben wolle, und das dürfe er als unehelicher Vater doch nicht. Abgesehen von kleinen Ungereimtheiten – dass er sich im durchaus möglichen Falle der Scheidung nie wieder ein neues Rennrad kaufen kann und Jan Miguel noch nicht mal ein halbes Jahr alt ist – hätte keiner von uns gedacht, dass der Kerl ein derart granatenmäßiger Spießer ist, und dass eine junge, hübsche Frau ausgerechnet Brägel heißen will. Viola Brägel. Himmel, hilf! Das sind doch wirklich nur ganz dünne Gründe für den größtmöglichen Fehler der Menschheit überhaupt.

»Was steckt denn nun wirklich dahinter, du Lapp?«, habe ich ihn gefragt. Schließlich heiratet kein Mensch, der in der Grundschule addieren gelernt hat, wegen der Steuern. Erst wollte er ja nicht reden, aber nach ein paar Hefeweizen hat er sich dann doch eröffnet. Brägel hat über Weihnachten das Buch eines amerikanischen Familienpsychologen gelesen. Der Mann, so Brägel, habe streng wissenschaftlich bewiesen, dass nur glücklich verheiratete Menschen wirklich leistungsfähig seien. Also richtig gut drauf, stark, echt untouchable. Und das sei doch die ideale Basis für eine bärenstarke RTF-Saison 2002. Kraft aus dem Schoß der Ehe für den Mont Ventoux. »Ich will euch endlich leiden sehen, mit einem Lächeln abhängen und gnadenlos wegmachen, verstehst du das?«, nuschelte er. Natürlich verstehe ich das, aber ich bezweifele, dass ein zivilrechtlicher Knebelvertrag ihm über den Berg hilft.

Man sollte leicht zu beeinflussende Menschen über Weihnachten wirklich nicht alleine lassen. Das Buch war übrigens von einem Anhänger irgendeiner Erweckungskirche in Texas. Wer es ihm ge-

schenkt hat, war leider nicht mehr zu klären. Wer weiß, vielleicht war es sogar Viola?
Nachdem das Malheur nun nicht mehr zu verhindern war, haben wir Brägel wenigstens zu einem Junggesellenabschied verdonnert. An diesem Tag trafen wir uns morgens zu einer Runde über 30 Kilometer. Brägel fuhr bei minus drei Grad im schwarzen Anzug und hatte zum ersten Mal in seinem Leben eine stimmige Erklärung für seinen teigigen Tritt. So viel innere Kraft kann ihm seine Viola gar nicht geben, dass er im Juli am Ruhetag der Tour de France den Ventoux hochkommt. Für den Abend hatte er dann den Nebenraum des Sportstudios gemietet; acht Spinningräder und eine Bar waren dort aufgebaut. Das Programm war geschmack- und einfallslos, aber effektiv. Jeder musste 15 Minuten treten und danach ein Hefeweizen oder einen Wodka-Feige auf Ex trinken. Dann wieder 'ne Viertelstunde auf den Bock, und so weiter. Die Wirkung war verheerend. Brägel schlief nach dem dritten Hefe über dem Lenker ein, und uns ging es auch nicht viel besser. Kurz vor Mitternacht kam eine Horde Go-go-Girls aus der örtlichen Disco, so eine Art No Angels für Arme. Eigentlich sollten sie zu unserer Erheiterung tanzen, weigerten sich jedoch, vor einem Haufen besoffener Idioten in Radhosen aufzutreten. Die 500 Euro Gage haben sie Brägel trotzdem abgeknöpft. Aber es war schon besser, dass sie nicht geblieben sind. Denn so endete Brägels Junggesellendasein wenigstens nicht mit Eheproblemen seiner Radkollegen.
Am nächsten Tag hat er dann tatsächlich auf dem Standesamt unterschrieben, seiner lieben Viola einen viel zu breiten Ring und ein Neunerritzel an einer Goldkette geschenkt. Und zwei Tage später sind sie nach Mallorca geflogen. Wir sind dageblieben und haben Wetten abgeschlossen, wann Viola wohl die Scheidung einreicht. Der Mittelwert liegt bei 18 Monaten.

Der Klassiker

*Ihn zu treffen ist unausweichlich,
ihn zu kennen unvermeidlich:
Der allseits beliebte Mallorca-Radler...*

Scherzbolde haben ja Mallorca schon lange zum 17. Bundesland unserer Republik erklärt. Das ist natürlich Unsinn. Trotzdem sucht ganz Deutschland auf der Sonneninsel nach der Frühform – zumindest, wenn's ums sportive Radeln geht. Der klassische Mallorca-Trainierer kann einem dabei schon ein wenig auf die Nerven gehen – auch wenn er im Gewühl der Sportler eine Minderheit darstellt. Wie er aussieht? Das lesen Sie hier. Ähnlichkeiten mit lebenden Personen sind selbstverständlich völlig beabsichtigt.
Der klassische Frühtrainierer besteigt in Deutschland den Flieger mit 1.000 Kilometern in den rasierten Beinen, die er seit Neujahr heimlich runtergerissen hat. Diese beachtliche Leistung behält er aber für sich, nölt lieber irgendwas von: »Gerade mal zwei Tage gefahren«, oder: »Echt grausam, ich kam keine Sekunde aus dem Büro, und wenn, war es schon dunkel.« Alles gelogen. Zudem trägt sich der Kerl grundsätzlich in langsame Gruppen ein, die er dann mit Magnum-Grinsen im solariumbraunen Gesicht auseinanderfährt. Beim ersten ernsthaften Anstieg, zum Beispiel am Soller, hält er dann Vorträge über sportgerechte Ernährung oder die wirksame Entsäuerung des Körpers, während der Rest dazu gar nichts sagt – weil er vor Atemnot nicht kann.

Diese Art Leute erkennt man schon am frühen Morgen im Hotel, wenn sie sich über den Plan der 110-Kilometer-Runde beugen und dabei etwas von »easy«, »keine Berge«, oder »windgeschützt« labern, was alles definitiv nicht der Wahrheit entspricht. Natürlich sitzt der klassische Frühtrainierer auf seinem eigenen Rad, das er zu Hause mühsam zerlegt hat, und kurz nach der Landung wieder zusammenbaut. Dazu trägt er Trikots von abenteuerlicher Schönheit, die von seinen Ruhmestaten künden. Abends gibt er sich im Radkeller stundenlangen Reinigungsexzessen hin, die ihm chronisch schwarze Fingernägel, aber eine blitzende Kette bescheren. Für den Klassiker kommt ein Mietrad natürlich nie in Betracht, weil sich durch die andere Sitzposition (wahlweise den etwas kleineren Sattelrohrwinkel, oder so ähnlich) der Aufbau eines bestimmten Oberschenkelmuskels verzögert.

In krassem Widerspruch dazu steht die ungeheure Menge kostenloser Ernährung, die er sich morgens aufs Radel packt. Dem Klassiker ragen acht Bananen aus den Trikottaschen und zwei der vier Trinkflaschen, die er sich abfüllt. Das Marschgepäck drückt zwar heftig auf den Rücken, aber das stört offenbar nicht die Bohne.

Sein Kontakt zur einheimischen Bevölkerung reduziert sich meist auf die Geste des böse gereckten Mittelfingers, die er jedem genervt hupenden Autofahrer zeigt, der seit zehn Minuten nicht überholen kann, weil ein paar Klassiker in Viererreihe rollen. Dafür spricht er wenigstens ein bisschen Spanisch und zwar folgende Worte: »Dos cervezas«. Das heißt »zwei Bier«, und die werden ebenso gerne wie regelmäßig von ihm eingenommen. Abends können es gerne auch dreimal »dos cervezas« sein. Dass diese Druckbetankung in leisem Widerspruch zu den sonst bevorzugten Elektrolytsäftchen steht, irritiert den Klassiker nicht. Bier wirke entschlackend, ist immer wieder zu hören, wobei der Klassiker dieses Wissen exklusiv hat.

Auch sonst weiß er viel zu berichten über die Insel, schwallt gerne von Touren, die er schon 1984 gefahren sei, »als es hier noch ursprünglich war« und nur die wenigsten Kneipen Weißbier und Tellerschnitzel im Angebot hatten. Leider hat es der Klassiker in den vergangenen 18 Jahren versäumt, wenigstens die Aussprache der Ortsnamen zu lernen, was sich bei Puigpunyent (klingt dann wie »Punica«) oder Llucmajor (»Lakmaitscher«) ein bisschen folkloristisch anhört. Aber man ist schließlich zum Radeln da, nicht zum Labern. Der Klassiker fährt natürlich ohne Helm – so viel

Freiheit muss sein. Dafür trägt er eine verspiegelte Brille und ein Piratentuch a là Pantani; und zwar die ganze Woche das selbe.
Der Klassiker unternimmt auch den obligatorischen Ausflug nach Arenal, obwohl da zumindest bis Ende März gar nichts los ist. Für ein Foto mit dem Velo vor dem »Oberbayern« reichts aber immer, und irgendwo gibt's auch im Spätwinter »dos cervezas«. Beim geselligen Abpumpen ergeht sich der Klassiker auch gerne in der abschließenden Be- und Aburteilung der anderen Trainingsgäste, die gerade leider nicht da sind. Aber das stört ihn nicht, weil die zum einen von nix eine Ahnung und zudem null Power in der Wade haben. Obendrein fahren die Shimano-Gruppen, trinken gelegentlich Weißwein und essen abends Fisch. Wie eklig.
Zum Glück ereilt den Klassiker am vierten Tag gerne ein Leistungsknick, weil er sich auf den ersten drei Runden und auf dem Barhocker so verausgabt hat, als gäbe es kein Morgen. Die Schwäche hält leider nur einen Tag; schließlich muss die Kohle für Flug und Halbpension abgeradelt werden. Angenehm ist, dass der Klassiker früher als der Rest seinen Abflug vorbereitet, weil er sein Rad wieder zerlegen muss und sich noch ein paar Stunden am Meer in die Sonne fläzt – fürs Beweisfoto.
»Nächstes Frühjahr komme ich wieder«, röhrt der Klassiker zum Abschied. Nachdem keiner seine Adresse aufschreiben will, verteilt er ungefragt Visitenkarten. Eine habe ich neulich zerknüllt in meiner Reisetasche gefunden. »Brägel« stand da drauf. Hätte man eigentlich wissen können.

Gleichberechtigung

*Wenn zwei das Gleiche tun,
ist das noch lange nicht dasselbe...*

Es hat sich doch einiges geändert in den vergangenen hundert Jahren. Zum Beispiel sind Frauen und Männer gleichberechtigt. Das steht sogar im Grundgesetz, wobei das Thema Radfahren dort leider nicht explizit erwähnt wird. Auf dem Velo sind Männer deshalb immer noch ein bisschen gleicher als Frauen, was besonders für unseren Sportskameraden Brägel und seine Viola gilt. Brägel hat im Frühjahr beschlossen, seine mittlerweile Angetraute und Mutter seines Sohnes in die Geheimnisse des sportiven Radfahrens einzuführen. Brägel junior ist aus dem Gröbsten raus, also will der Lapp die Mutter des späteren Toursiegers Jan-Miguel ein bisschen auf ihren künftigen Lebensinhalt einstimmen.

Dazu hat er zuerst einmal sein Equipment für knapp 1.500 Euro »upgedated«, wie er das nennt: Einen Satz neue Laufräder, superleichte Pedale, Schuhe und einen Wahnsinnscomputer, der Dinge misst, von denen er nicht mal weiß, was sie bedeuten. Außerdem versucht er, das in der TOUR-Aprilausgabe vorgestellte Buch von Richard R. Türck zu bestellen, weil er sich unbedingt Seegurken ans Tretlager schrauben will. Darüber lachen wir im Radclub seit zehn Tagen, aber das ist ein anderes Thema. Brägel ist jedenfalls bereit.

Für Viola hat Brägel auch was Passendes gefunden. Ganz hinten im Keller, sein altes Staiger-Zehngang, mit dem er vor gut 30 Jahren in die Schule geradelt ist. Rund 18 Kilo schwer und mit sehr hübschen, antiken Rostblüten im Lack. Das bringt er zwecks Modernisierung zum Händler, der allerdings lapidar zum sofortigen Verschrotten rät. Brägel juckt das aber nicht. Er wühlt ein bisschen in der Altmetall-Sammelkiste seines Händlers und legt dem Mechaniker eine uralte Siebenfach-Schaltung, Riemenpedale, Unterrohrschalthebel und einen gebrauchten Ledersattel auf die Werkbank. Und ein paar museumsreife Modolo-Bremsen. »Sie soll fahren, nicht bremsen!«, scherzt Brägel. Keiner lacht. Und weil er schon mal da ist, kauft er noch ein neues Telekom-Trikotset und eine smarte Sonnenbrille. Für sich.

Ausfahrt am nächsten Sonntag. Brägel sitzt in Magenta und mit geölten Waden auf seinem 4.000-Euro-Renner und zupft gutgelaunt an der verspiegelten Brille. Der neue Computer ermittelt leise summend Außentemperatur, Blutdruck und anaerobe Schwelle, die Sonne blitzt in den blanken Speichen. Dahinter Frau Viola in

Tennisschuhen, Shorts und einem T-Shirt der örtlichen Bausparkasse. »Wir fahren locker, maximal mit Puls 120, runder Tritt, etwa 25 Kilometer. Du fährst vorne, denn wenn ich das mache, muss ich dauernd zurückschauen, ob du mitkommst«, doziert Brägel mit öligem Lächeln. Viola nickt brav und rollt an. Brägel gibt ihr noch gönnerhaft einen Klaps auf den Po und will dann auch losfahren. Leider kommt er nicht richtig ins linke Pedal, sucht erst fluchend den Klick, und dann, als er endlich drin ist, Viola. Die hat sich aber schon hundert Meter abgesetzt. »Weiber«, denkt er. Ein kurzer, geschmeidiger Antritt à là Cipollini, und schon ist er wieder dran. Viola fährt und freut sich, und Brägel gibt schlaue Anweisungen: »Mehr über das Tretlager setzen, höhere Frequenz, auf den Puls achten, schalten.« Viola antwortet nicht und fährt. Nach zehn Kilometern kommt ein kleiner Hügel. Brägel wird einsilbig. »Wenn du weiter so drückst, geht dir gleich die Luft aus.« Viola sagt nix und drückt. Brägel sagt auch nicht mehr viel – weil er Luft braucht. »Hey, ruhiger, Himmelhergottnochmal, fahr' einen Gang leichter«, bellt er sie an. Viola sagt nix, schaltet nicht, fährt. Eine Gruppe Hobbyradler saust vorbei und freut sich an dem Anblick: Die Dame auf dem Oldtimer, und dahinter der High-Tech-Macho mit leicht rotem Schädel. »Du brauchst wohl Windschatten, Alter?«, ruft einer. Brägel kocht über. »Du bist viel zu schnell!«, schnauzt er nach vorne. Viola sagt nix und fährt.
Nach 20 Kilometern bekommt Brägel echt Probleme. Rührt im Getriebe, tritt mal schneller, mal langsamer, nimmt einen Schluck aus der Trinkflasche. Viola trinkt nicht und fährt. »Du kannst morgen vor Muskelkater nicht mehr laufen«, keucht Brägel, »wir sind hier beim Radfahren und nicht auf der Flucht.« Viola sagt nix. Brägel auch nicht. Dafür beginnt jetzt sein Pulsmesser zu piepsen. Der Kerl verflucht den Tag, als er für seine Flamme das Rad entdeckt hat. »Entweder ich bin krank oder die ist gedopt«, presst er kaum hörbar hervor.

Finale. Die letzten fünf Kilometer, es geht leicht bergauf. Viola sagt nichts und fährt, Brägel verliert den letzten Rest Selbstachtung, macht sich ganz klein, konzentriert sich auf das Hinterrad seiner Holden und würde ihr liebend gerne in die Waden schießen oder sie in siedendem Kettenfett braten. Sagen kann er nichts mehr. Den Pulsmesser hat er ausgeschaltet. »Ist das sehr langsam für Dich, Schatzi?«, kommt es plötzlich von vorn. Brägels Schädelfarbe wechselt von Rot zu Purpur, was Viola aber nicht sieht. »Geht schon, Mausi«, flötet der Dampfkochtopf hinter ihr mit letzter Kraft.
Ziel. Viola strahlt, wischt sich ein paar Schweißtropfen von der Stirn. »War richtig klasse, Männe, das können wir jeden Sonntag machen.« Brägel sagt nichts mehr. Erst am Abend in der Kneipe. »Ich lass mich scheiden!«, mault er beim ersten Hefeweizen. Aber dann grinst er maliziös und beschließt, einen Kinderanhänger zu kaufen. Für Viola – damit die Mutter-Kind-Bindung während des Trainings nicht leidet.

Sonderweg

Muss man eigentlich immer politisch korrekt sein? Brägel meint: Nein. Besonders nicht, wenn es um das beliebte Streitthema »Radwege« geht

Oh je. Brägel trägt den Arm in der Schlinge und gibt ein Bild des Jammers ab. Wir vom Radclub hielten das zunächst für eine seiner üblichen Ausreden, weshalb er wieder mal nicht mit zum Training kommen könne – doch diesmal war es tatsächlich ernst. Der Lapp ist gestürzt, als er mit seiner Viola eine kleine Feierabendrunde gedreht hat – auf dem Radweg. Nach ziemlich exakt 1,3 Kilometern hat er sich von hinten kommend mit einer feschen Inline-Skaterin verhakt und ist auf die Plauze gefallen.
Das Drama war mal wieder Bestätigung dafür, so genannte Radwege maximal als Gassi-Strecken für den Hund zu benutzen, weil sie für ihre eigentliche Bestimmung schlicht untauglich sind. Ein Radweg in Deutschland ist nämlich fast immer ein Ärgernis. In Städten sind die ausgewiesenen Streifen meist viel zu schmal und dienen eher als zusätzliches Parkplatzangebot für bullige Geländewagen, deren Besitzerinnen vier Stunden beim Frisör sitzen. Gerne schlendern auch frisch verliebte Paare eng umschlungen auf dem roten Band und erweisen sich dabei als taub für jegliche Art von Klingelzeichen. Abhilfe schafft hier nur die Pressluft-Fanfare fürs Fußballstadion. Wegen der Gefahr des vorzeitigen Herztodes sollte

sie allerdings nicht bei älteren Menschen angewendet werden. Oder nur in absoluten Notfällen. Spaß macht das alles natürlich keinen – trotz der aufgeschreckt herumhüpfenden Fußgänger. Und wer sich erfolgreich um parkende Autos geschlängelt hat, Frauen mit Kinderwagen und Inline-Skatern ausgewichen ist, trifft hundert Meter weiter dann auf abgestellte Mülleimer oder Biergarten-Ausflügler mit Hollandrädern, von denen keiner einsehen will, dass man mit dem Rad auch schneller als 15 Kilometer pro Stunde fahren kann.

Nicht viel besser ist es außerhalb der Städte. Dort sind Radwege meist wertvolle Biotope mit seltenen Pflanzen, die sich durch den zwanzig Jahre alten, brüchigen Asphalt drängeln. Dazwischen glitzern Glasscherben in der Sonne, umrahmt von Matschbrocken, die irgendein Traktor aus seinen grobstolligen Reifen verloren hat. Kurzum – bundesdeutsche Radwege sind für uns sportive Radler weitgehend ungeeignet, es sei denn, man befährt sie überwiegend nach Einbruch der Dunkelheit oder bei strömenden Regen.

Ebenfalls nicht viel besser ist es leider auf der Straße. Im Frühsommer wurde Brägel an einer Ampel vom Fahrer eines Lasters belehrt, der zuvor einen Kilometer lang nicht überholen konnte, weil der Lapp immer die Knie so weit ausstellt. »Für alle gibt es Sporthallen, nur für euch Vollidioten nicht«, bellte der Kerl aus seinem Führerhaus. Brägel antwortete mit einigen heftigen Tritten gegen das Radblech des Ungetüms, verstauchte sich dabei aber nur den großen Zeh. Der Trucker gab dann beim Abfahren so fett Gas, dass Brägel in der Rußwolke fast erstickt wäre. Diese direkte Ansprache ist uns aber trotzdem lieber als der Autofahrer vom Typ Oberlehrer. Die sitzen meist in etwas betagten deutschen Mittelklasse-Limousinen, arbeiten auf einem Amt und haben auf der Hutablage ein Kissen mit aufgestickter Autonummer liegen. Meist nahen sie diskret von hinten, um dann heftig zu hupen. Der Radler erschrickt fast zu Tode, und sieht plötzlich links neben sich einen ganz ungesund rotköpfigen Menschen, der wild fuchtelnd auf das Asphaltbiotop da neben der Straße deutet, das er für einen Radweg hält. Immerhin, hier findet noch Kommunikation statt. Die dynamischen Vertretertypen in übermotorisierten Kombis dagegen hupen nicht und reden nicht – die rasen nur und fegen Radler mit dem bloßen Luftzug von der Straße.

Und die Lösung? Genau, Brägel hat sie. Er hat sich beim Versandhandel den Zeitfahreinteiler von Mario Cipollini bestellt. Den mit den aufgemalten Muskelsträngen, die bei Brägel allerdings ein bisschen über der Wampe spannen. Aus 50 Metern Entfernung sieht er aber tatsächlich ein bisschen bedrohlich aus. Dazu hat er noch eine Wasserpistole mit Rucksacktank sowie eine Pressluft-Tröte gekauft und gibt jetzt den Radweg-Rambo. Wenn Brägel spritzend und hupend naht, springen jedenfalls auch renitente Radwegblockierer freiwillig in den Graben. Neulich hat ihn sogar sein Hund angeknurrt, wahrscheinlich hielt er ihn für einen Einbrecher. Aber seither hat Brägel freie Fahrt.

Für das kommende Jahr plant er zudem einen Umzug nach Münster, weil da angeblich die Radwege vorbildlich sein sollen. Das wäre nun aber doch zu viel des Guten. Schließlich brauchen wir Brägel. Der Kerl geht uns zwar meist mächtig auf die Nerven, aber ohne ihn – auch unvorstellbar, schon wegen der einmalig spaßigen Unterhaltung. Neulich hat er in seiner Muskel-Montur übrigens einen hupenden Cabriofahrer nassgespritzt. Jetzt sieht er sich einer Anzeige wegen groben Unfugs gegenüber.

Der Radclub hat beschlossen, ihm den Anwalt zu zahlen.

Ferienlager

Brägel macht erstmals Familienurlaub – und schafft's trotzdem, dass es ist wie im Trainingslager

Urlaub ist die schönste Zeit des Jahres – sagt man. Das könnte natürlich auch für den guten Brägel gelten, der in diesem Sommer zum ersten Mal mit Familie in den Süden fahren will. Doch das Elend beginnt schon, als er partout nicht die zwei Fahrräder und das Reisebett für Jan-Miguel in sein Cabrio quetschen kann. Also mietet er einen Van, packt die Räder aufs Dach – und verliert schon an der ersten Autobahn-Mautstelle einen Sattel, weil er durch eine Zahlspur rumpelt, die nur für eine Fahrzeughöhe von 2,50 Meter freigegeben ist. Schließlich kommen sie aber doch noch gut an und beziehen ihr gebuchtes Ferienhäuschen in Südfrankreich. Beim Ausladen fällt Viola aber der Schlüssel für den Radträger in einen Gully, und Brägel muss die Velos vom Autodach sägen.

Danach hätte es eigentlich ein schöner Urlaub werden können. Brägel will allerdings die 14 Tage nutzen, um seine teigige Gestalt in Form zu bringen. Schon am ersten Morgen springt er um sieben Uhr aus dem Bett, reißt die Vorhänge auf und brüllt: »Die Sonne scheint!« Jan-Miguel kreischt vor Schreck, Viola ist stinkig.

Brägel lässt sich nicht beirren. Macht Frühgymnastik und asiatische Atemübungen mitten im Wohnzimmer, was für seine Familie nicht so lustig ist, weil ihm bei seinen Bauchmuskelübungen lautstark

Darmwinde entfahren. Danach ölt sich Brägel die Beine, quetscht sich ins Crédit-Agricole-Trikot, fährt 600 Meter zum Bäcker und ordert dort »tra Krason« – woraufhin der ihm wortlos ein Baguette aushändigt.

Nach dem Frühstück besteht Brägel auf einer Familienausfahrt. Jan-Miguel will zwar lieber am Strand spielen, Viola auf den Markt nach St. Tropez, aber Brägel bleibt beinhart und montiert den Kinderanhänger an Violas Rad, weil die Halterung nicht an das Sattelrohr seines Boliden passt. Vom Meer weg geht es gleich einen kurzen, knackigen Stich mit 14 Prozent hinauf. »Und hopp, Rhythmus halten, allez, allez«, feuert Brägel Viola an, die pumpt wie ein Maikäfer, als sie oben ankommt. Aber Brägel drängt zur sofortigen

Weiterfahrt, weil sonst die periphere Durchblutung nachlasse; und schließlich wolle sie doch auch 'nen knackigen Hintern haben, oder? Viola denkt erstmals an vorzeitige Heimfahrt. Nach gut zwei Kilometern quengelt dann Jan-Miguel: »Eis haben«. Brägel stoppt ganz generös an einem Stand, ordert »ein Erdbeereis« – und kommt mit einem Schinken-Käse-Baguette zurück. Jan-Miguel schreit. Viola sagt gar nichts.

Eine halbe Stunde später rollt das Trio in den Hafen von St. Tropez. Viola will über den Markt schlendern – was Brägel entrüstet ablehnt, weil »der Franzose sofort die Räder klaut«. Zum Trost erlaubt er eine Rast im Hafencafé. Brägel ölt sich die Waden nach, ordert »zwei Expresso und einen Sprudel« und bekommt zwei Bier, eine Cola und eine Rechnung über 13 Euro. Als Viola einen Happen essen will, drängt er zur Weiterfahrt. »Zurück machen wir aber ein bisschen Tempo«, nölt er, »und einen kleinen Schlenker durchs Hinterland, sonst bringt das nix.« Viola entgegnet schwach, dass sie Urlaub habe und eigentlich lieber am Strand liegen würde. Der »kleine Schlenker« ist 32 Kilometer lang. Brägel doziert über die Schönheiten der Provence, Viola denkt bereits über eine Trennung auf Probe nach. Im Örtchen Ramatuelle entdeckt Brägel einen Laden für Terracotta-Töpfe. »Sind die nicht wunderbar«, jault er und kauft trotz Violas Protest (»die gibt es auch bei OBI«) ein mittelgroßes Exemplar für 72 Euro, das er zu Jan-Miguel in den Anhänger stopft. Zum Glück geht es zurück bergab. Brägel lässt es laufen, seine Gattin bremst sich wegen des Anhängers die Gummis flüssig. Kurz vorm Ziel geht es dann noch einmal leicht bergauf. Brägel tritt an und brüllt: »Schau mal her, Süße, so geht das: kleiner Gang, hohe Frequenz.« Viola denkt an Scheidung.

Im Ferienhaus wird addiert. 42 Kilometer, 18er Schnitt. »Zu wenig«, motzt Brägel, »morgen muss mehr kommen, wir haben schließlich nur 14 Tage«. »Rad ist doof«, quengelt Jan-Miguel. Brägels Gattin nickt entschieden und erklärt dem Lapp kurz und bündig, dass er künftig alleine radelt oder sich zum Teufel scheren kann. Brägel protestiert pro forma ein bisschen, ist in Wahrheit aber sehr zufrieden. Endlich kann er fahren, bis die Reifen rauchen. Wäre er gleich alleine losgedonnert, hätte es Ärger gegeben. Jetzt hat er den Freibrief für ungestörtes Training. Am Strand liegen mag er eh nicht – rundherum nur braun gebrannte Waschbrettbäuche. Da fährt er seine Wampe lieber spazieren.

Brägel mimt den Einsichtigen, entschuldigt sich sogar und lädt die Familie ins Restaurant ein. »Deux Loups de Mer, un menu enfant et une bouteille de vin rosé, s'il vous plaît«, sagt Brägel. Es kommen der Fisch, Pommes Frites für Jan-Miguel und der Wein. Und es ist der Beginn eines wunderbaren Urlaubs.

Wissen ist Macht ...

...aber nichts wissen macht auch nichts. Brägel jedenfalls bringen seine Bildungslücken unverhofften Wohlstand

Brägel braucht Geld. Die Kosten für das Drittrad (2.200 Euro) und den Trip zur Tour de France (1.650 Euro) haben sein Konto schwer belastet. Und weil Jan-Miguel dringend einen Sonnenhut und Sandalen braucht, ist der Lapp auf der Suche nach neuen Geldquellen. Drei Wochen hat er System-Lotto gespielt, aber das hat nichts gebracht. Danach gründet er »Brägels Radservice«, den er aber schon nach seinem zweiten Kunden wieder schließt. Mit dem alten Schraubknochen seines Staiger-Jugendrades war er werkzeugmäßig eben doch leicht unterversorgt.

Also bewirbt sich Brägel bei diversen Quizshows, was angesichts seiner Allgemeinbildung ein ziemliches Wagnis ist. Aber da sowieso nur einer von hundert Millionen Anrufern eingeladen wird, scheint das ohnehin unwahrscheinlich. Dachten wir. Aber wie es der Teufel will, wird Brägel eingeladen – ausgerechnet zu Günther Jauchs Show »Wer wird Millionär?« »Na, du sicher nicht«, sage ich zu ihm, aber Brägel lernt fleißig den alten Brockhaus seiner Mutter aus dem Jahr 1956 auswendig. »Wusstet ihr, dass es einen Teil von Deutschland gibt, der DDR heißt?«, fragt er im Radclub. Das kann ja heiter werden.

An einem Freitagabend hat sich dann der Radclub bei mir vor der

Glotze versammelt. Brägel war tatsächlich im Fernsehen, und wir haben uns auch gleich ein bisschen geschämt, weil er im Clubtrikot, schwarzer Radhose, weißen Tennissocken und Sandalen in der Runde saß. Bei der Vorstellung winkt er dämlich grinsend und mit einer Trinkflasche des Team Telekom in die Kamera. Wir öffnen das erste Hefeweizen. »Hoffentlich kommt der nie auf den Stuhl«, sage ich. Alle nicken.

Doch wenig später sitzt Brägel vor Jauch. Dummenglück. Die zehn

Kandidaten mussten die vier Namen Greg LeMond, Laurent Fignon, Pedro Delgado und Niki Lauda nach der Zahl ihrer Toursiege sortieren. »Niki Lauda hat nur einmal gewonnen, den Rest habe ich geraten«, sülzt Brägel. Viola, die neben mir sitzt, stöhnt auf. Jan-Miguel spuckt den Schnuller aus, deutet auf den Bildschirm und sagt: »Baba«. »Leider«, seufzt Viola und öffnet auch ein Weizen.

»Wen haben Sie mitgebracht?«, fragt Jauch. Kameraschwenk in die Galerie, wo normalerweise eine Gattin, ein Onkel oder eine Oma sitzt: Brägel hat sein altes Cinelli-Rad dabei, das die RTL-Crew mühsam auf dem Stuhl drapieren musste. »Mein bester Freund«, ölt Brägel, »den kannste treten, und er tritt nie zurück.« Jauch verzieht den Mund zu einer komischen Welle, Viola will einen Schnaps. »Sei froh, dass er dich nicht mitgenommen hat«, sage ich. Viola nickt.

»50 Euro, wenn Sie folgende Frage beantworten«, tönt Jauch und wirkt etwas kurz angebunden. »Vervollständigen Sie das Sprichwort: Der Krug geht so lange zum Brunnen bis er a) stirbt, b) kotzt, c) bricht oder d) singt.« Brägel legt die Stirn in Falten und kratzt sich wenig nonchalant in der Mitte der Radhose. Nach einiger Stammelei, dass er ein wenig zu »kotzt« tendiere, es aber nicht exakt wisse, zieht er den Publikumsjoker. Brägel sammelt 50 Euro mit einem Zuschauervotum von 98,5 Prozent. »Wenigstens 1,5 Prozent der Menschheit sind so dämlich wie er«, sagt Viola. Niemand widerspricht. Danach kommt er halbwegs anständig bis 2.000 Euro. Nur einmal muss er Onkel Hubert anrufen, weil er nicht weiß, wie der höchste Berg der Erde heißt. Peinlicher ist, dass er vor dem Werbeblock eine Papptafel in die Kamera hält mit der Aufschrift: »Ich grüße den Radclub.« Unser Präsident erwägt rechtliche Schritte. Mittlerweile hat Brägel seine Telekom-Flasche auf das Pult drapiert, worauf nun auch die Telekom-Rechtsabteilung über juristische Schritte nachdenkt. Jauch lächelt gemein und verliest die 4.000-Euro-Frage. Es geht um Malerei. Brägel hat keinen Joker mehr, tippt blind auf einen Namen und hat Glück. »Wenn er schlau ist, hört er jetzt auf«, sage ich. Viola nickt. 4.000 Euro, da müsste für Jan-Miguel mehr drin sein als ein Sonnenhut und Sandalen. »Was machen Sie mit dem Geld?«, fragt Jauch. »Ich kaufe mir ein neues Rennrad und fliege im Frühjahr zum Training nach Sizilien.« Viola seufzt schwach, und die TOUR-Redaktion erwägt, das Sizilien-Camp 2003 zu streichen.

Brägel hört aber nicht auf und erweist sich überraschend als Spezialist für gotische Kirchen und moderne Musik. Und dann passiert es. Es kommt die 250.000-Euro-Frage: Welcher Radprofi hat als einziger fünfmal die Tour de France in Folge gewonnen? Anquetil, Hinault, Indurain oder Merckx? Brägel lächelt gönnerhaft und sabbert los: Alle vier hätten fünfmal gewonnen, aber Indurain, übrigens Namenspatron seines Sohnes, wäre von 1991 bis 1995 im Gelben Trikot nach Paris gerollt. Danach hätten dann Riis, Ullrich, Pantani und sechsmal Armstrong gewonnen. Ende des Vortrags. »Mein Männe«, jubelt Viola.

Ich brauch' mein zweites Weizen. Dringend. Unser Brägel wirkt cool wie ein Eisberg, Jauch ratlos. »Na gut«, sagt er, dann schauen wir mal, ob Sie das jetzt auch noch wissen: 500.000 Euro, wenn Sie mir sagen können, welcher Roman mit den folgenden Worten beginnt: ›Nennt mich Ismael‹ – a) ...« Brägel jubelt schon dazwischen: »Moby Dick, Moby Dick! Ich habe das neunmal als Kind gelesen; geiles Buch mit Walen und so.« Jauch gibt leicht irritiert zu bedenken, ob er sich nicht mal die Antworten anschauen will? Brägel sagt gönnerhaft ja, aber es sei Moby Dick, ganz sicher. Ich weiß das auch, schließlich habe ich ihm das Buch vor 30 Jahren geliehen. Gibt's noch ein drittes Weizen? Moby Dick ist Antwort b, Brägel loggt ein und wird Millionär, zumindest in Mark. Auf das Finale verzichtet er, mit Päpsten kenne er sich nicht aus. Fanfare und Jubel im Fernsehen, Brägel winkt mit der Pulle in die Kamera und hüpft vergnügt durchs Studio. Vor dem Fernseher erhebt sich unser

Präsident, erklärt »den lieben Sportskameraden« zum Ehrenmitglied. Viola schickt verliebt Kusshändchen Richtung Mattscheibe. »Brägelchen«, gurrt sie, »komm bald nach Hause.« Ich besorge mir einen Schnaps und bin neidisch.
Jan-Miguel hat neue Sandalen bekommen, einen Sonnenhut und einen neuen Kindersitz. Der alte wollte farblich nicht in den schwarzen Porsche passen. Und Brägel darf auf unseren Ausfahrten jetzt immer Windschatten fahren, weil er dem Verein eine neue Terrasse fürs Clubheim gesponsort hat.
Die Welt ist nicht gerecht.

Geldsorgen

*Geld macht nicht glücklich — aber es beruhigt.
Fragt sich nur, wen? Brägel jedenfalls gerät ein
wenig aus dem Takt ...*

Es gibt ganz wenige Dinge, die mir schon morgens den Blutdruck hochjagen, aber neulich beim Bäcker hat es mich fast umgehauen. Vor mir steht eine beinahe überirdische weibliche Erscheinung, verlangt mit französischem Akzent sechs Brötchen und ein Baguette, verlässt fast schwebend den Laden, gleitet in einen schwarzen Porsche und braust vom Parkplatz. »Brägels Au-pair-Mädchen«, raunt die Verkäuferin. Ich bekomme sofort Pickel und einen Migräneanfall vor Neid. Seit der Kerl bei Günther Jauch 500.000 Steine abgeräumt hat, ist nichts mehr normal bei uns. Nicht mal im Radclub. Weil Brägel den Holzbelag für die neue Terrasse (4.000 Euro) spendiert hat, wird er jetzt vom Vorstand umschwänzelt, als hätte er in unserem Trikot die WM gewonnen. Und der Radhändler macht neuerdings immer einen Bückling, wenn Brägel ins Clubhaus kommt. Erst vor kurzem hat er sich den neuen Gios-Carbon-Plus-Rahmen inklusive Campa-Vollausstattung bestellt. Einfach so, just for fun, nur weil das Blau so dermaßen geil sei. Neid, Neid, Neid.
Zum Glück sieht man Brägel nur noch selten. Der Lapp spielt jetzt Golf und pflegt weitere schwere Handicaps. Zweimal die Woche düst er in ein 150 Kilometer entferntes Fitness-Studio, wo schon

die Aufnahmegebühr das Monatsnetto eines mittleren Angestellten kostet. Dafür hängt hinter dem Tresen ein Foto mit Widmung von Franz Beckenbauer: »Für meinen Freund Wolfi«. »Bei Studios sollte man schon ein bisschen aufs Niveau achten«, ölt Brägel. Wolfi trägt um den Hals eine daumendicke Panzerkette aus Gold und hat blonde Dauerwellen. Und an seinen Kraftmaschinen tummeln sich etwa 300 Jahre Knast; zumindest behauptet das die Lokalzeitung. Wie Wolfi an das Foto mit dem Kaiser kam, weiß jedoch kein Mensch. Brägel ist's egal. Erstens brauchen Porsche und Vanessa (so heißt das Au-pair) ein bisschen Auslauf, und zweitens sei das Studio einfach »super-suupi«. Angeblich lässt sich Brägel dort von zwei

türkischen Bademeistern abseifen und durchkneten, nachdem er mit Vanessa zehn Minuten Eisen gebogen hat. Danach geht es an die Studio-Bar und Brägel schaut bei einem Drink mit unaussprechlichem Namen lässig in die Financial Times, obwohl er kein Wort Englisch versteht. Das sonntägliche Radtraining schwänzt er dagegen immer öfter, weil seine Kumpel vom FDP-Ortsverband zum Golfen drängen. Das neue Leben hat Brägels ohnehin etwas seifiger Figur weiter geschadet, was bei den eng geschnittenen Armani-Jeans und in den Bund gestopften Versace-T-Shirts nicht wirklich klasse aussieht. Zumal er jetzt sein Haupthaar gelt und Sonnenbrillen hineinsteckt, die nicht einmal Elton John kaufen würde. Und das Ganze im Oktober.
Kurzum: Wir haben den Typen abgeschrieben. Erst recht, seit er Radeln neulich als »geselliges Vergnügen des unteren Mittelstands« bezeichnet hat. Dämlich war er ja schon immer, aber arrogant und dämlich, das ist doch ein bisschen viel. Auch ich hatte ihn schon fast vergessen, als es eines Abends vor gut zwei Wochen an meiner Tür klingelt. Draußen steht Brägel, und er sieht nicht gut aus. Schwarze Sonnenbrille, schwarzes T-Shirt, schwarzes Jackett, schwarze Hose, dazu feuerrote Schuhe. Und bleichgrüne Gesichtshaut. »Ich muss mit dir reden«, sagt er und zündet sich eine Zigarette an. »Kommen Sie rein«, antworte ich. Und dann sprudelt er los. Sein Leben sei nur noch eine Katastrophe, Viola sauer wegen des Au-pair, das er nur geholt habe, damit seine undankbare Frau endlich in Ruhe malen könne. Sohnemann Jan-Miguel sei mit seinem Elektroauto das Gespött im Kindergarten, sein Chef sauer wegen des Porsches. Zudem erwarten die FDP und sein Golfclub Spenden in sechsstelliger Höhe, die er aber gar nicht leisten könne, weil von der halben Million nur noch knapp 65.000 Euro und ein steuerbegünstigtes Zwei-Zimmer-Appartement im Osten übrig seien. »Geld macht nicht glücklich«, schließt er verdrossen.
Angesichts des Porsches, des Gios-Renners und von Vanessa

kommen mir fast die Tränen. Aber dann tut er mir irgendwie leid, und so erarbeiten wir ein knackiges Sanierungsprogramm. Viermal pro Woche Radtraining zur seelischen Läuterung, kein Golf mehr, auch kein Fitness-Studio. Austritt aus der FDP, keine Wahnsinnstrinkgelder im Clubheim mehr, und der Porsche bleibt unter der Woche in der Garage. Am nächsten Tag geht es los. Brägel hat Probleme mit dem 23er-Schnitt, und ich hoffe, dass niemand die Rolex aus dem Handschuhfach meines Autos klaut, die ich Brägel vor der Ausfahrt abgenommen habe. Am dritten Tag rollen wir am Golfplatz vorbei. Brägel zittert leicht, bleibt aber in der Spur. Nach einer Woche kommt er in einer normalen Levi's ins Clubheim, und die Financial Times hat er gekündigt. Auch aus dem Vertrag mit Wolfi kommt er raus, weil sie den nach dem Fund von 120 Kilo Anabolika und Wachstumshormonen im Studio eingebuchtet haben.

Ein bisschen hat er auch schon abgenommen. Die proletarische Fron tut ihm anscheinend gut. Letztlich geheilt hat ihn dann aber ein selbst auferlegtes Trennungserlebnis. »Man muss loslassen können«, hat er gesagt, als er mir sein neues Gios-Carbon geschenkt hat, »Geben ist seliger als Nehmen«. Ich finde, dass Brägel ein wunderbarer Mensch geworden ist. Wir sind natürlich auch wieder per Du, und gestern habe ich ihn so nebenbei gefragt, ob Vanessa nicht ihre letzten zwei Monate in Deutschland bei mir arbeiten könne. Ihm täte es sicher gut, sich wieder mal um banale Dinge wie das Frühstück selbst kümmern zu müssen. Viola fände es sicher auch in Ordnung, und mir wären natürlich keine Umstände zu viel, um einem lieben Freund in einer schweren Krise helfen zu können. Nur Vanessas Gehalt müsste er weiter zahlen.

Brägel hat genickt, Vanessa jedoch leider abgelehnt. Aber das Velo bleibt.

Brägollini

Vorbild-Funktion:
Wenn einer versucht, wie sein Vorbild zu sein,
und das überhaupt nicht funktioniert, dann
kann das nur einer sein …

Wenn es allmählich Winter und draußen früher dunkel wird, neigen ja viele Menschen zu düsteren Gedanken. Wieder ein Jahr vorbei, ohne die angestrebten 5.000 Kilometer auf dem Tacho; wieder ein Jahr verloren im Kampf gegen den lästigen Weizenbiergürtel um die Hüften. Dann kommt auch noch Weihnachten mit den diversen Fünfgang-Gelagen und viel zu viel von viel zu schwerem Rotwein. Da kann man schon mal ein wenig schwermütig werden.
Deshalb hat es uns im Radclub auch alle gewundert, als Brägel, der sonst von schweren Winterdepressionen geplagt wird, neulich strahlend zum Clubabend einlief. Die Haare glatt nach hinten gekämmt, unrasiert und etwas streng riechend, was sich damit erklären ließ, dass er sein lichtes Haupthaar mit Campa-Fett nach hinten gestriegelt hatte. Ein Unfall? »Nein«, sagt Brägel, »im Sport braucht man Vorbilder. Meines heißt jetzt Mario Cipollini.«
Atemlose Stille am Stammtisch. Das ist, mit Verlaub, ein radikaler Wechsel. Bisher hatte der Lapp immer einem gewissen Jan Ullrich nachgeeifert: unregelmäßiges Training, ständig irgendwie verletzt, so gut wie kein ernsthaftes Rennen und dazu noch Probleme mit dem Gewicht, dem Alkohol und so manch anderen Verlockungen

des Alltags. Das war schon eher Brägels Welt. Eigentlich ist er so etwas wie der Jan Ullrich der RTF-Szene – und nachdem Brägel sich neuerdings ja auch noch einen Porsche gekauft hat, passte das Vorbild perfekt. Aber jetzt soll es der Weltmeister sein. Der Seriensieger des Giro d'Italia und der Vuelta a España, der selbsternannte schönste Radprofi des Universums. »Cipo geht es wie mir«, ölt Brägel, »der wird auch nicht zur Tour de France eingeladen.«

Ich bestelle mir vor Schreck noch ein Bier und rate Brägel zum Rücktritt vom Sport. Den hat sein neues Vorbild im Sommer ja auch mal erklärt, aber davon will er natürlich nichts wissen. Im Gegenteil – Brägel ist Feuer und Flamme. Er hat sich zur neuen Frisur noch eine Dauerkarte fürs Solarium gekauft, vier paar schwarze Designerschuhe und ebenso viele neue Anzüge. Einen davon hat er an, natürlich auch der in Schwarz, darunter ein schwarzes, eng anliegendes T-Shirt – und weiß lackierte Fingernägel. Das T-Shirt ist durch seinen körperbetonten Schnitt höchst unvorteilhaft, und Brägel sieht aus wie die Mischung aus einem durchgeknallten Dorfpfarrer und einem übergewichtigen Nachwuchszuhälter aus der Provinz. Lässig steckt er sich eine Zigarette ins unrasierte Gesicht. »Mario raucht auch«, sagt er. Das stimmt sogar, hab' ich selbst gesehen. Andererseits wird man mit Teerlunge garantiert nicht Weltmeister, so viel ist sicher.

Am nächsten Sonntag kommt Brägel mit dem original Aqua & Sapone-Trikot zum Training. Er sieht aus wie ein schwangeres Zebra und hat einen puterroten Kopf vom Solarium. Trotz grauem Himmel ziert ihn eine abenteuerliche Sonnenbrille. Als er die zum ersten Mal zu Hause vorführte, hat sich der Hund jaulend in eine Ecke verzogen. Jan-Miguel hat geweint und gesagt: »Papa, gaga.« Brägel regt an, dass wir am Ende der Ausfahrt einen Sprint fahren, falls es zu einer Massenankunft kommt. Dann rollt er an und zieht eine Duftschleppe hinter sich her, deren Note ungefähr zwischen Lagerfeld und dem parfümierten Briefpapier einer sechzehn-

jährigen liegt. Die anderen fragen sich, ob sechs Mann eine Masse sind und beschließen, es auf keinen Fall zu einer gemeinsamen Ankunft kommen zu lassen. Am Ende fährt Brägel noch einen von uns um. Ich sage lieber gar nichts.

Nach drei Kilometern reiht sich Brägel hinter mir ein und bleibt auch da. Er hat mir vor dem Start ein Abendessen beim Nobel-Italiener und dazu noch einen Gutschein über 100 Euro für meine Dienste angeboten, einzulösen bei unserem Radhändler. Seit

seinem Erfolg bei Günther Jauch spielt Kohle für ihn ja keine Rolle mehr. Für mich schon, und der Italiener ist wirklich erste Sahne. Dafür kann man schon mal kurz in die Helferrolle schlüpfen, zumal Brägel ja sowieso immer hinten fährt. Am letzten kleinen Hügel vor der Rückkehr geben die anderen ein bisschen Gas. Brägel pumpt – und muss dann abreißen lassen. »Zieh' mich wieder ran«, stöhnt es leise von hinten. Tatsächlich rollen wir gleich wieder auf Hans auf, der neulich seinen 68. Geburtstag gefeiert hat und wegen einer leichten Erkältung seinen Puls heute nicht zu sehr hochjubeln will. So kurbeln wir dann zu dritt Richtung Finale. Einen Kilometer vor dem Parkplatz bellt Brägel: »Anfahren.« Ich gebe ein wenig Druck aufs Pedal, überhole den alten Hans, und plötzlich rauscht Brägel vorbei. Tief gebeugt, Hände am Unterlenker – sieht fast gut aus. Vor dem Clubhaus reißt er jubelnd die Arme in die Luft, eine Sekunde später haut es ihn auf den Asphalt. Lenker verrissen. Hinter den Scheiben des Clubhauses sieht man fröhliche Gesichter. »Egal«, jault er, »den Spurt des Hauptfeldes habe ich gewonnen.« Ich frage mich, ob der alte Hans und ich ein richtiges Hauptfeld sind, zumal Hans 200 Meter zuvor schon rechts abgebogen und direkt nach Hause gefahren war – wegen seiner Erkältung.
Wie auch immer – Brägel ist glücklich und schmeißt ein paar Runden. »So ein Vorbild«, sagt er, »ist etwas ungeheuer Positives«. Nachdem er gegangen ist, überlegen wir uns, wem er wohl als nächstes nacheifern will. Vielleicht dem kletternden Hungerhaken Fernando Escartín? Oder doch eher dem Zeitfahrspezialisten Michael Rich? Es ist noch ein sehr lustiger Abend geworden.

Der Wille kann alles

*Bessere Form im nächsten
Jahr muss kein Traum bleiben.
Oder doch …?*

Zum Beginn eines neuen Jahres beladen sich die Menschen gerne mit unsinnigen Vorsätzen. Weniger essen, weniger trinken, weniger jammern, mehr trainieren, oder endlich mal dem Chef so richtig die Meinung geigen. Natürlich ist das alles Quatsch und meistens schon vergessen, bevor der Kater der Silvesternacht nachgelassen hat. Bei Brägel scheint der Jahreswechsel aber größere innere Verwirrung ausgelöst zu haben. Schon seit dem dritten Advent doziert der Kerl über seine neue Lebensphilosophie, der zufolge der Geist über den Körper zu bestimmen habe. Eine Sekte hat ihm da an der Haustür ein Werk über die segensreiche Wirkung der »Mental Power« angedreht. Im Prinzip steht da drin, dass der Glaube Berge versetzen kann, was nun nicht ganz neu ist. Ich hätte ihm diese Erkenntnis für weniger als 129 Euro – so viel hat das Büchlein gekostet – vermitteln können, aber das ist ein anderes Thema.

Seither rennt er jedenfalls mit durchgedrücktem Kreuz herum, sagt unentwegt: »Ich kann, ich will, ich werde!«, und geht damit seiner Umwelt gehörig auf die Nerven. Ich habe ihm zwar erklärt, dass unser Trainingsberg nicht allein deshalb flach wird, weil er gaaaanz fest daran glaubt, aber das hat er natürlich nicht kapiert. »In mir«, sagt er, »wohnen ungeahnte Kräfte«. Ich glaube eher, dass in Brägel ein viel zu hoher Körperfettanteil wohnt und eine vom vielen Weizenbier geschwächte Leber, aber gegen den Reiz der neuen Erkenntnis komme ich natürlich nicht an. »Du bist ein Zweifler, gefangen im Korsett der täglichen Routine, unfähig zu jedweder Vision«, ölt Brägel, ehe er zu einem Wochenendseminar seiner neuen Freunde aufbricht. Dort muss er dann viermal am Tag in die Sauna und unentwegt Vitamin C schlucken – angeblich soll das zur inneren Reinigung beitragen.

Am Montag sieht Brägel ein wenig krank aus, ist um 900 Euro Seminargebühr ärmer und redet noch wirrer als vorher. »Alles ist möglich, es gibt keine Grenzen«, und ähnlichen Mist. Ich habe ihn gefragt, ob er im Zuge einer mentalen Kraftanstrengung nicht die Steuerpläne unserer Regierung abwenden könne, aber das hat er nicht verstanden. Egal, es wird Zeit, dass wir etwas gegen Brägels »Mental Power« tun. Nach einer Krisensitzung im Club beschließen wir, Brägel nach Art einer Stoßtherapie wieder zur Raison zu bringen. »Wir fahren ihn jetzt mal richtig aus den Schuhen«, beschließt der Präsident, »dann ist es sicher wieder gut«. Alle nicken.

Brägel ist leicht zu überreden. Training – klar, sagt er, er müsse vorher nur zehn Minuten seine innere Energie aktivieren. Ich aktiviere derweil ein Fläschchen Traubenzucker-Drink und blicke in entschlossene Gesichter. Los geht's. Wir treten sofort in die Pedale was das Zeug hält, ohne eine Sekunde Gnade, und das bei nur drei Grad plus. Normalerweise hält Brägel dieses Tempo maximal zwei Minuten, dann geht er kaputt. Brägel geht aber nicht kaputt. Er tritt, lächelt und sabbelt: »Alles im Fluss, ich kann, ich will, ich werde.« Mir platzen die Beine.

Nach 25 Kilometern muss als Letzter unser Pedaltier Hubi den Druck rausnehmen. Hubi kann, wenn's sein muss, auch im Winter eine Stunde lang einen Vierziger fahren, er hat Trondheim-Oslo in 18 Stunden geschafft und versenkt Brägel normalerweise mit einem Bein. Heute nicht. Der Lapp ist immer ganz vorne dabei. Das wurde mir wenigstens berichtet. Ich war nämlich schon nach vier Kilometern abgehängt.

Danach ist es sehr ruhig im Clubheim. Brägel sitzt entspannt am Tisch, um den Hals trägt er eine Kette mit bunten Holzkugeln, aber er trinkt wie immer Weizen und isst das übliche Schnitzel mit Pommes. »Glaube sprengt alle Grenzen«, sagt er. Ich glaube, ich werde langsam verrückt. Auf dem Klo ertappe ich Meyer, wie er vor sich hin murmelt: »Ich will kein Bier mehr, ich will kein Bier mehr, ich will kein Bier mehr.« Dann geht er an den Tisch, bestellt ein Hefeweizen und sagt: »Bei mir tut's nicht.«

Als Brägel nach Hause geht, kommt es erneut zur Krisensitzung. Wir beschließen, dass Brägels Auftritt eine Ausnahme gewesen sein muss, eine Verkettung unglücklicher Umstände, möglicherweise auch Doping. »Morgen nochmal«, sagt unser weiser Präsident, »und wenn er wieder schneller ist, werde ich auch Mitglied in seinem Saunaclub.« Brägel ist pünktlich. Strahlende Augen, er begrüßt mich mit: »Lass' deine Gedanken fliegen, atme tief, tritt hart.« Ich wünsche ihm einen veritablen Krampf in die Waden, lächle freundlich und sage: »Wohlan, Brägel, lasset uns beginnen.« Vorher habe ich mich heimlich eine halbe Stunde warm gefahren. Großes Blatt, harter Antritt – aber nach 200 Metern fliegt Brägel wieder locker vorbei. Mit letzter Kraft komme ich vor dem Hausberg noch mal an sein Hinterrad. Es geht hoch, sechs Prozent. Brägel dreht sich um, sagt, ohne zu schnaufen, »die Kraft kommt von innen«, und setzt sich zügig ab. Hubi kotzt am Straßenrand. Ich kämpfe, es tut weh, die Luft wird knapp, ich spüre Druck auf der Brust. Brägel tritt kraftvoll und locker, ich sehe Sterne, der Druck auf der Brust wird immer größer. Schmerzen. Schaum quillt mir aus dem Mund, noch mehr Schmerzen, ich kann den Kopf nicht mehr bewegen, plötzlich eine Sirene. Ruckartig wache ich auf, der Wecker dröhnt, das T-Shirt klebt tropfnass am Leib. Wir schreiben den 1. Januar 2003, zehn Uhr.

Nach zwanzig Sekunden kommt die Erleichterung. Alles nur ein Traum. Brägel bleibt auch im neuen Jahr erreichbar. Nur: Warum mir, um alles in der Welt, so ein Mist durchs Hirn schießt, würde mich schon mal interessieren. Eine ganze Geschichte in nur einer Nacht – bisschen viel Müll im Kopf. Ich beschließe feierlich, im neuen Jahr weniger zu essen, mehr zu trainieren und vor allem weniger zu trinken. Viel weniger.

Gelobt sei ...

Will Brägel nicht, oder kann er nicht? Nein, nicht was Sie jetzt denken. Sportlich ist alles in Ordnung. Aber Viola ist unzufrieden

Liebe Leserinnen, vorweg ein kleiner Hinweis: Wir müssen uns heute leider mit einem delikaten Männerthema beschäftigen. Wenn Sie daran kein Interesse haben, hier bitte aussteigen. Danke.
Es ist ein lustiger Abend im Radclub. Wir bilanzieren und verklären die vergangene Saison, trinken mächtig, geloben für das Frühjahr Besserung und planen den Ausflug zur Tour de France. Nur Brägel ist so merkwürdig ruhig. Erst beim dritten Weizen lässt er endlich die Hosen runter, natürlich nur verbal. »Viola will noch ein Kind«, nuschelt er. Eigentlich kein Grund zur Panik. Brägel ist zwar schon etwas angejahrt, aber heutzutage, wo sich die meisten Menschen bis Mitte 30 an Universitäten oder auf mehrjährigen Urlaubsreisen selbst verwirklichen, ist das kein brennendes Problem. Außerdem hat Brägel einen Job, dank Günther Jauch ein pralles Konto, für den Porsche gibt es sicher einen passenden Kindersitz, und der Hund hat sich doch auch längst an Jan-Miguel gewöhnt. »Schon«, jault Brägel, »aber, ähem – ich verspüre in letzter Zeit immer weniger, na ja, ihr wisst schon ... Lust.«
Alle Wetter – das wussten wir nicht. Woher auch. Das ist natürlich ein Problem, bei dem wir vom Radclub zunächst mal ganz wenig machen können, obwohl sich der alte Hans sofort als Helfer in der

Not ins Spiel bringt. Ganz selbstlos, versteht sich. Hans hat da aber schon vier Weizen im Kopf, und um allen Missverständnissen vorzubeugen, auf dieses Niveau begeben wir uns selbstredend nicht. Obwohl: Wenn es tatsächlich nicht anders gehen sollte, würde dieser Job natürlich nicht öffentlich am Stammtisch ausgewürfelt, sondern nach charakterlichen und genetischen Kriterien vergeben werden. Und im Übrigen habe ich Brägel schon oft aus der Patsche geholfen und erst neulich den Sprint angezogen. Also, wenn's denn sein muss. Ich nehme Brägel zur Seite und biete meinem alten Freund an, ... »Blödmann«, knurrt Brägel. »Na, dann lass' dich halt nicht so hängen«, antworte ich ein bisschen zu laut. Alle lachen.
Das ist natürlich gemein. So geht man nicht mit einem um, der die Terrasse des Clubheims gesponsert hat und sich mit einem derart heiklen Problem offen an seine Freunde wendet. Also beginnen wir die Therapie mit einigen Tipps aus dem reichen Erfahrungsschatz mittelalterlicher Väter. Zunächst mal muss Brägel sein Schlafzimmer jetzt im Winter wenigstens ein kleines bisschen heizen; der Hund darf nicht mehr ins Bett und Jan-Miguel soll nachts in sein Kinderzimmer. Zusätzlich soll Brägel abends Sellerie essen oder sich einige von seinen Testosteron-Ampullen spritzen, die er sich im vergangenen Jahr vor jeder RTF reingehauen hat. »Das Zeug ist gut«, lallt Hans, »da wirste zum Tier.« Uns würde jetzt natürlich interessieren, woher Hans das weiß, aber das ist ein anderes Thema.
Leider steckt Brägel 14 Tage später noch tiefer im Winterblues. Viola ist sauer, weil er reichlich dilettantisch einen Migräneanfall inszeniert, als sie ihm mit dem Thermometer wedelnd die günstige Zeit ansagt. »Schatzi, kohomm«, flötet sie. Brägel greift sich mit gequältem Blick ins Kreuz und stöhnt: »Ich hab' Migräne.« Migräne sei krampfartiger Kopfschmerz, erkläre ich ihm, und dass es jetzt wirklich an der Zeit wäre, der Sache richtig auf den Grund zu gehen. Ein Besuch beim Urologen bringt aber auch keinen klinischen Befund. Der Doktor rät zu Bewegung an frischer Luft und

drückt ihm verstohlen einen Katalog mit den Hilfsmitteln eines einschlägig bekannten Unternehmens in die Hand. Wir prüfen den Katalog stundenlang kritisch am Stammtisch und befinden die komischen Dinge darin für untauglich, zumal der alte Hans einen ganz roten Kopf bekommt und dauernd »unglaublich« murmelt.
Brägels Schwäche muss also doch etwas mit unserem schönen Sport zu tun haben. Nach langem Nachhaken beichtet der Lapp schließlich, dass er heimlich an seiner Frühjahrsform feilt. Jedes Wochenende fährt er zweimal 90 Kilometer, und zwar in der kurzen Hose, weil das besser aussieht. Wir wissen zwar nicht, was an Brägels roten Kniescheiben und reifgefrorenen Beinhaaren gut aussehen soll, können aber nachvollziehen, dass er nach vier Stunden Landstraße bei minus drei Grad für den Rest des Tages locker als Frau durchgehen könnte. Außerdem fährt er jeden Abend

noch zwei Stunden im Keller mit 200 Watt auf der Rolle, und das mit einem viel zu hohen Sattel, dessen Spitze auch noch leicht nach oben zeigt, wie wir beim Ortstermin feststellen müssen. Dies ist, wie jeder weiß, von den Druckverhältnissen her ganz ungünstig, um nicht zu sagen fahrlässig. Danach schaut er sich auf Video »Die nackte Kanone« an, weil er »bei Leslie Nielsen immer so gut entspannen kann«.

Wir erklären ihm, dass er gerade nicht entspannen soll, verbieten ihm die Wochenendfahrten (auch wegen der sonst zu guten Form), montieren sechs Zentimeter tiefer einen Gelsattel mit nach unten geneigter Spitze und reduzieren die Bremse auf 100 Watt. »Damit danach auch noch ein Lichtlein brennt«, sage ich und bin stolz auf meinen unschlagbaren Wortwitz. Außerdem bekommt Hans den Auftrag, Brägel ein Video aus diesem Urologen-Katalog zu bestellen, den er nach dem Stammtisch neulich mit nach Hause genommen hat.

Das müsste genügen. So kommt Brägel auf dem Rad garantiert nicht in gefährlich gute Frühform und rettet außerdem sein familiäres Glück. Wir haben ihn seither zwei Wochen nicht mehr gesehen. Es scheint also doch noch zu klappen. Und wenn nicht, mein Angebot steht (unschlagbarer Wortwitz). Ich meine, Freundschaften beweisen sich manchmal eben erst in höchster Not.

P.S.: Falls doch eine Frau weitergelesen hat – nichts für ungut.

Brägel mag nimmer

*Es gibt wenig Konstanten im Leben – außer
etwa, dass Brägel pro Jahr vier bis sechs
blödsinnige Ideen entwickelt, die er dann ohne
Rücksicht auf sein Ansehen oder seinen
Geldbeutel durchsetzen will*

Auf sein Bankkonto muss Brägel nach seinem Gewinn bei Jauch ja nicht mehr sklavisch achten, aber ein gutes Renommee, der Respekt der Freunde, das ist eigentlich auch was wert. Sollte man meinen. Dennoch – Brägel hat sich mal wieder höllisch blamiert. Kaum liegt die erste Ahnung von Frühling in der Luft, überrascht uns der Lapp im Radclub mit der Ankündigung, dass dieses Jahr alles leichter werden solle, flüssiger, schwungvoller. Besonders am Systemgewicht wolle er künftig gewaltig einsparen. Wir erkundigen uns, was damit gemeint sein soll, und Brägel erklärt, dass man mit diesem Begriff das Gewicht von Rad und Fahrer in Summe beschreibt. »Ein Kilo weniger Systemgewicht heißt, dass man für die gleiche Geschwindigkeit sechs Watt weniger Druck aufs Pedal bringen muss.« Wir sind natürlich schwer beeindruckt, zumal sich in Brägels Körpermitte über die Zeit ein Sparpotenzial von 60 Watt angesammelt hat. Seit er verheiratet ist und jetzt auch noch zum zweiten Mal Vater wird (doch, doch, es hat wirklich geklappt), lässt er sich figürlich schließlich gerne mal gehen. Besonders im Winter. »Na dann, bestell' gleich mal ein Wasser«, rufe ich Brägel zu und winke mit meinem Weizenglas, »zwei Töpfe weniger von dem bringen schon mal drei Watt.« Brägel schaut etwas verwundert und erklärt dann, dass er nicht seines, sondern das Materialgewicht reduzieren wolle.

Was er damit genau meint, präsentiert er zwei Minuten später. Brägel rollt seinen fast neuen Carbon-Boliden ins Vereinsheim und löst damit den Effekt aus, den man aus dem Kino kennt, wenn der Cowboy im Gegenlicht die Schwingtür im Saloon knarren lässt: atemlose Stille. Vor uns steht das Wrack eines 3.500-Euro-Renners. Überall, wo Brägel zu viel Material vermutet, hat er Löcher reingebohrt. Sattelstütze: vier Löcher. Die schönen Campa-Kurbeln: durchschossen wie Schweizerkäse. Lenker, Vorbau, Kettenblätter: ausgestanzt. Selbst den Flaschenhalter hat er abmontiert und das Leitblech des Umwerfers perforiert. Nur der Rahmen blieb verschont, sonst hätte er das Velo wahrscheinlich nicht einmal mehr ins Clubhaus schieben können. »Setz' dich da auf keinen Fall drauf«, warne ich ihn, »das bricht sofort zusammen.«

Nach ein paar Minuten blanken Entsetzens, wie man sein Rad so zurichten kann, als ob es bei einer Treibjagd stundenlang mit Schrot

beschossen worden wäre, gehen wir zur Normalität über. Heißt: Wir lachen herzlich über Brägel, empfehlen ihm zum ungefähr zweihundertsten Mal den freiwilligen Einzug in die nächste Klapsmühle und bestellen uns noch ein Bier. Auch Brägel macht, was er in diesen Fällen immer tut: Er trollt sich beleidigt. Meistens hält sein Zorn keine drei Tage, aber diesmal ist es anders. Unser Präsident bekommt schriftlich Brägels Austrittserklärung zum nächsten Ersten, mich stutzt er am Telefon zusammen (»wer sich auf Kosten anderer amüsiert, ist kein Freund«), und im örtlichen Anzeigenblatt erscheint folgendes Inserat:
»Wegen Aufgabe des Sports zu verkaufen: Vier komplette Rennräder (eines custom-gewichtsoptimiert), neun Trikotsätze (darunter ein original Zeitfahr-Einteiler von iBanesto), zwei Helme, drei Paar Radschuhe Größe 46, ein Velo-Träger für Porsche 911. Preis VS, Komplettangebote an Chiffre …«
Krisensitzung im Club. Wir schicken ihm eine hochrangige Abordnung unter Führung des Präsidenten, aber Brägel lässt durch Viola an der Haustür ausrichten, dass er nicht mit uns reden will, es sein denn, wir möchten eines seiner Velos kaufen. Wollen wir nicht. Ich würde höchstens den von Bohrungen verschonten Carbonrahmen für 150 Euro mitnehmen, aber das lehnt Brägel leider ab. Der Tag endet mit dem Beschluss, dass ich als bester Freund (wusste ich noch gar nicht) die Sache wieder einrenken solle. Argumentation: Der Club könne und wolle auf Brägel nicht verzichten, weil es a) in jedem ordentlichen Verein einen geben muss, der am Berg nichts drauf hat, und weil b) die finanzielle Unterstützung Brägels bei der Sanierung der Duschen im Clubheim bereits fest eingeplant, genau genommen im Voraus bereits ausgegeben sei.
Aufgaben wie diese erledigt man am besten mit Verstand oder überhaupt nicht. Zwei Tage später rufe ich Brägel an und frage, ob ich zwecks Kauf des Zeitfahr-Einteilers vorbeikommen dürfe. Ich

darf, und während der Verkaufsverhandlungen (ich biete zwei Euro) erkläre ich Brägel, dass sein Rückzug aus dem Club die einzige vernünftige Antwort gewesen sei. »Weißt du, Alter«, sage ich, »keiner kann dich leiden. Noch schlimmer – sie lachen über dich, wenn du nicht da bist, sind nur scharf auf deine Kohle fürs Clubheim und deine Bierspenden.« Brägel wirkt geknickt. »Aber am meisten freuen sie sich, dass wir jetzt endlich mal eine ordentliche RTF fahren können.« »Wie meinst du das?«, funkelt Brägel. »Nun ja, du bist eben immer so langsam, kannst nicht mal den Frauenschnitt halten, musst dauernd pinkeln oder essen, kurz gesagt: In sechs Wochen gehen die RTFs los, und du hast wie immer nullkommanull drauf. Aber jetzt bist du ja nicht mehr dabei; zum Glück.«
Nachdem es eben doch Konstanten im Leben gibt, besonders bei Männern und ganz besonders bei Brägel, ist seine Reaktion klar. Brägel entreißt mir das Trikot, brüllt: »Ha! Das werden wir ja sehen!«, und erscheint am nächsten Abend wieder am Stammtisch. Es ist zu befürchten, dass er Anfang April eine Wahnsinnsform hat und uns alle aus den Schuhen fährt. Das ist für ihn, den Rad-Macho, eine Frage der Ehre. Auch auf einem Rad ohne Löcher. Aber wenigstens sind bis dahin die Duschen bezahlt.

Die Macht der Zahlen

*Sonne in den Speichen,
Schatten auf der Straße –
der Rennradfrühling könnte so schön sein.
Wenn – ja, wenn Brägel nicht wäre ...*

Herrlich. Die Frühjahrssonne wärmt, endlich kann man wieder in kurzen Hosen fahren, ohne dass die bleichen Knie frostblau anlaufen und sich abends ein grippales Kratzen im Hals einstellt. So rollen wir froh gelaunt dahin, als vor uns ein Radler auftaucht, dem wir uns fast schon beängstigend schnell nähern. »Bestimmt ein Opa«, nölt der alte Hans, »der den fünften Frühling spürt und sich von seinem Sohn die Karre ausgeliehen hat.« Der Opa, wir ahnen es bereits, ist natürlich Brägel, der sich auf einer »Präferenzrunde« befindet, wie er uns freundlich zuruft. Wir rauschen an ihm vorbei, dass es ihn fast in den Straßengraben weht, obwohl auch wir nur mit knapp 28 Sachen unterwegs sind.
Am Abend rufe ich ihn an und bitte um Erklärung, was sich hinter dem Begriff Präferenzrunde verbirgt. Brägel doziert, dass er immer so Anfang April auf seiner Feierabendstrecke über 42 Kilometer einen Schnitt ermittelt, den er dann kontinuierlich über die Sommermonate steigert, was ein sicheres Zeichen für Formaufbau sei. In diesem Jahr hat er auf flachem Kurs mit 20,7 km/h im Schnitt begonnen, was, ganz nebenbei, seine schwangere Gattin Viola mit Jan-Miguel im Anhänger auch locker hätte fahren können. »Da ist noch jede Menge Luft nach oben drin«, sülzt Brägel, wobei man

ihm ausnahmsweise nicht widersprechen kann. Viel langsamer geht's schließlich kaum noch. Ist doch immer wieder erstaunlich, mit welchen psychologischen Tricks sich die Leute motivieren können.

Allerdings verdient die Sache mit der Durchschnittsgeschwindigkeit in der Tat eine nähere Betrachtung. Sie ist für uns Radler Quälgeist und Glücksgöttin in einem. Machen wir uns nichts vor: Das kleine Kästchen am Lenker gibt den Takt an und verhindert entspanntes Dahinrollen, wenn man im Vergleich zu gestern auch nur ein bisschen langsamer unterwegs ist. Und jeder hat seine ganz persönliche Präferenzrunde. Schafft man sie schneller, könnte man das Computerchen vor Glück nachts mit ins Bett nehmen; sinkt der Schnitt, vermuten Männer sofort ungünstige Gegenwinde oder todbringende Krankheiten, die noch unerkannt im Körper wüten. Auf jeden Fall ist die Laune im Keller. Wer das von sich weist, der lügt oder ist eine vernunftbegabte Frau. Doch, doch: Viele Frauen haben nur deshalb einen Rechner am Rad, weil ihn der Lebensgefährte montiert hat. Außerdem stellen sie ihn nie zurück und wissen auch nach zwei Jahren noch nicht, was sie mit dem Modusknopf anfangen sollen. Ist die Batterie glücklich leer, bleibt sie das auch. Frauen fahren einfach Rad und schauen sich die Gegend an, Männer schauen aufs Display und brettern wild entschlossen über rote Ampeln, wenn statt »27,0« nur noch »26,9« als Schnitt aufleuchtet. Oder sie erreichen die heimische Garage mit hängender Zunge und Puls 180, nur damit die Zahl stimmt. Dass ein finales Mördertempo ohne Ausrollen zum vorzeitigen Herztod führen kann – geschenkt, das interessiert nun wirklich keinen. Lieber einmal über den Lenker kotzen, als die falsche Anzeige im Display. Ehrensache.

Es ist zu vermuten, dass dieses Verhalten in einer Zeit geprägt wurde, als wir Männer noch durch die Graswurzelsteppe schlichen und uns mit Säbelzahntigern oder ähnlichem Viehzeug prügelten.

Irgendwie steckt das wohl tief in uns drin: Schwäche zeigen darf Mann nicht. Druck vom Pedal zu nehmen, das ist, als wäre Urzeit-Männe ohne frische Säbelzahntiger-Filets zur Familienhöhle zurückgekehrt. Der erste Schritt zur männlichen Sinnfrage: Was habe ich überhaupt noch auf diesem Planeten zu suchen? Das gilt ganz besonders für solche Kerle, die näher am Verfallsdatum als an der Geburt sind. Ein lascher Rad-Schnitt, das ist sicher, kann eine ernste Midlifecrisis auslösen.

So betrachtet, verhält sich Brägel ausnahmsweise mal richtig schlau. Nach zwei Wochen hat er sich auf 22,4 km/h hochgearbeitet. Immer noch so gut wie nichts, aber er war jedesmal schneller als vorher. Die Form, falls man davon reden will, steigt messbar, der Lapp ist glücklich und zeigt abends im Radclub seine akribisch in ein Koordinatensystem übertragene Leistungskurve, die aussieht wie der DAX, als die Börsenwelt noch in Ordnung war. Danach

gibt er einen aus, was zumindest mich ein bisschen von der eigenen Performance ablenkt. Ich habe nämlich Anfang März auf meiner Hausstrecke windbegünstigt einen 29er-Schnitt hingelegt. So viel braucht es zwar gar nicht, um Brägel aus den Pedalen zu fahren – aber jetzt komm' ich da nicht mehr ran, nicht ums Verrecken. So was schlägt aufs Gemüt, nährt Selbstzweifel, lässt Dopingpläne reifen und versaut einem völlig die Lust aufs Velo. Ein blöder Zustand, zumal es leider auch keine Säbelzahntiger mehr gibt. Vor lauter Frust habe ich neulich den Computer an die Wand geworfen, aber schon am nächsten Tag einen neuen gekauft. Und die 293 Jahreskilometer vom alten exakt übertragen.

Brägel, so viel steht fest, rollt als moralischer Sieger Richtung Sommer. Wahrscheinlich hat er vom Weizenbier einfach zu viele weibliche Hormone in sich. Genau, so muss es sein. Der Lapp ist schlicht ein Waschweib. »In der Steinzeit hättest du nicht mal deine Familie ernähren können, du Memme!«, fauche ich ihn an. Brägel guckt nur fassungslos und sagt nichts. Ist auch egal. Im nächsten Frühjahr werde ich mir auch eine Präferenzrunde zulegen. Oder den Tacho abkleben, zumindest bis Juni.

Sorglos stillos

*Wer schön sein will –
muss wissen, wie das geht. Und womit.
Manche wissen's nicht ...*

Man sagt Männern ja gerne nach, dass sie nichts von Mode verstünden und sich immer so anziehen würden, dass sogar Frauen mit stark eingeschränkten Sehfähigkeiten das große Grausen bekämen. Weiße Tennissocken, ausgelatschte Sandalen oder die berühmt-berüchtigte Adilette. Brägel ist ja nun auch so etwas ähnliches wie ein Mann, und deshalb hat es uns neulich nicht übermäßig gewundert, als er in einem hellbraunen Wolltrikot zum Training erschien. Das gute Stück ist leider zu kurz, dafür ist quer über der Brust der schwarze Schriftzug »Molteni« aufgestickt. Auf dem Kopf trägt der Lapp eine hellblaue Miniaturmütze mit nach oben geklapptem Schild und der Aufschrift »Capri Sonne«. Seine Handschuhe ähneln Topflappen, das Weiß des gehäkelten Handrückens wird von drei Streifen in Schwarz-Rot-Gold durchbrochen. Wenigstens stecken seine behaarten Beine in einer schwarzen Hose, dafür trägt er keine Socken und versenkt seine nackten Füße in schwarzen Tretern mit doppelter Zunge und langen, weißen Schnürsenkeln.
Kurzum – auch für modisch weniger stilsichere Menschen ein fast unerträglicher Anblick. Der Lapp könnte locker als Vogelscheuche anheuern oder als Kratzbaum für Hauskatzen. Zumal er auch noch

eine Art Schweißerbrille mit Gummiband und fast schwarzen Gläsern auf dem Kopf hat. »Aus welcher Altkleidersammlung hast du denn geklaut?«, frage ich ihn. »Ignorant«, bellt Brägel zurück, »das nennt man Retro-Look, und der ist mega-in.« Womit der Kerl leider Recht hat. Die Siebziger sind wieder modern, kratzige Baumwolle, enge Schnürschuhe, Minikäppis, eben der ganze Eddy-Merckx-Mist. Und das Elend geht noch weiter. Mitglieder gewisser

Zirkel montieren neuerdings Käfigpedale mit weißen Lederriemen (Binda!), halten Unterrohrschalthebel für den Gipfel der Rennradlerkunst und reiten wochenlang brettsteife Ledersättel weich. Die Bremszüge biegen sich über den Lenker wie Büffelhörner. Fehlt nur noch, dass sie sich der Holzfelgen erinnern und ausschließlich auf Kopfsteinpflaster fahren wollen.

Wahrscheinlich ist der Retro-Look nur Ausdruck großer Verunsicherung, nachdem sich männliche Mode-Toren jahrelang angezogen haben wie radelnde Papageien oder wie Cipollini. Aber es stimmt leider nicht, dass früher alles besser war; und schöner auch nicht. Doch keine Bange – es gibt ihn, den Radler-Knigge.

Das Wichtigste zuerst: Profi-Trikots sind für die meisten Hobbyrenner untragbar, da sie eine Leistungsklasse signalisieren, die so gut wie keiner erreicht. Wenn's denn trotzdem sein muss, dann bitte als Bekenntnis zum Standort Deutschland. Besonders hoch in der Patrioten-Gunst standen mal die himmelblauen Coast-Leibchen zur Unterstützung der Fans für die finanziell darbende Ullrich-Truppe. Das Ganze dann aber nur im Komplett-Set, mit rasierten, gebräunten und geölten Beinen. Nichts sieht grausamer aus als die Kombination aus Coast-Trikot und Telekom-Hose. Auf dem Index stehen übrigens alle Arten von Ehrentrikots der Tour de France. So viel Respekt vor den Profis sollte schon sein, zumal sich der schwachwadige Träger eines Gelben Trikots auch keinen Gefallen tut. Auf alle Radler außer den Träger wirkt Gelb wie Rot, dass heißt, der Kerl wird auf Teufel komm raus aus den Schuhen gefahren. Merke: Tour-Trikots machen sich am besten an der Wand im Radkeller.

An die Füße gehören Radschuhe, die nicht aussehen wie die Werbung für Neonstifte. Lila am Fuß geht gar nicht. Eine dominierende, möglichst dunkle Grundfarbe, mit der ein wenig changiert werden darf – das reicht. Die Füße stecken in streifenlosen, weißen oder schwarzen Socken, alles andere ist verboten. Die

Beine sollte man wegen der optischen Linienführung rasieren. Radhosen sollten möglichst dunkel und eng sein (gilt auch für Frauen), aber nicht so eng, dass sich in der Mitte des Oberschenkels ein Wulst bildet und das männliche Merkmal wie ein Dorn hervorsticht (gilt natürlich nicht für Frauen). Das Trikot darf, sofern es zur Hose passt, gerne von kräftiger Farbe sein. Was nicht so toll aussieht, sind Batik-Look, Kreismuster wie bei Daniel Küblböck (nein, der fährt nicht Rad), oder Erinnerungstrikots an das Mallorca-Trainingscamp von 1994. Anleitung zum Peinlichsein sind auch Schriftzüge lokaler Kleinunternehmen wie »Metzgerei Schweineglück« oder »Fliesen Müller«. Merke: Wer auf einem 2.000-Euro-Rad sitzt, sollte auch 50 Euro für ein anständiges Trikot ausgeben.

Ein Aspekt der segensreichen Wirkung von Helmen wird leider viel zu selten berücksichtigt: Er tarnt schütteres Haupthaar und verleiht jugendliche Dynamik – vorausgesetzt, er sitzt wie ein Helm auf dem Kopf und nicht wie ein Malerkäppi. Kleiner Tipp: Wenn Sie den Kopf nicht mehr hoch bekommen, weil da was im Nacken stört, sitzt er zu weit hinten; wenn er Ihnen die Brille von der Nase schiebt, zu weit vorn. Ach ja, die Brille. Es kam vor, dass Radler mit Brillengläsern wie Insektenaugen Opfer von Verwechslungen und infolge dessen zu Wespennestern wurden. Kurzum – Understatement ist nicht nur modisch en vogue, sondern unter Umständen auch sicherer. Siehe Brägel: Als beim Ampelstopp ein Hund den lieben Nachbarn angepinkelt hat, stiftete er seine auf alt getrimmte Montur dem Radclub für die Tombola der Saisoneröffnung. Ich werde in diesem Jahr kein Los kaufen. Am nächsten Tag kam er dann wieder ganz normal zum Training. In seinem Zeitfahr-Einteiler von iBanesto.com.

Landstraßenplage

*Der Platz am Hinterrad des Vordermannes
ist bei den meisten Radlern ziemlich beliebt.
Außer bei dem, der ihn zur Verfügung
stellen muss ...*

Brägel kann ausnahmsweise mal nichts dafür. Unser Chefvelozipedist war mit Gattin und Sohn für zwei Wochen im Urlaub. An der schönen Côte d'Azur sollte Jan-Miguel zum ersten Mal ohne Stützräder radeln. Brägel wollte den Kleinen auf Inlineskates begleiten, aber leider stürzte der Lapp gleich am zweiten Tag und brach sich den kleinen Finger – alle anderen abstehenden Körperteile, mit Ausnahme der Wampe, waren mit Schonern geschützt. Jetzt radelt Viola mit dem Filius, Brägel sitzt in der Sonne und süffelt Rosé. Wenigstens kann er den kleinen Finger nicht mehr so affig abspreizen. Der ist eingegipst.
Aber davon wird an anderer Stelle zu berichten sein. Worum es heute geht, dafür kann der Meister nichts. Fast nichts.
Es geschah neulich, auf einer mittellangen Trainingsrunde über 64 hügelige Kilometer. Es läuft eigentlich ganz gut, der Puls wummert bei 140, die Luft ist lau, die Beine sind locker. Es könnte eine höchst angenehme Veranstaltung werden, nur ich und das Rad im Einklang mit der Straße. Klasse. Plötzlich nähert sich von hinten ein Radler, zielstrebig, schnell. »Nein, nein«, denke ich. »Kein Rennen, lass' ihn, jeder wie er mag, bleib' bei deinem Tempo.« Dann ist der Kerl da, fährt aber nicht vorbei, sondern klemmt sich direkt an mein Hin-

terrad, wortlos. »Hallo«, werfe ich nach hinten – keine Reaktion. Ich drehe mich um, blicke in ein unfreundliches Gesicht ohne Mienenspiel und mit verspiegelter Sonnenbrille. Die Beine des Namenlosen dünsten streng Massageöl aus, auf seinem Trikot prangt »Vatertag 1987 – ich war dabei«. Und nach zwei Kilometern ist klar, dass ich mir einen Parasiten der Landstraße eingefangen habe, einen Hinterherradler, einen klassischen Lutscher.

»Ruhig bleiben, nicht stören lassen«, denke ich. Aber dazu sind Radler wohl nicht in der Lage. Der nächste Gedanke: abhängen! Erste Versuche mit zarten Rhythmuswechseln. Der Sauhund macht alles mit, stoisch und absolut unkommunikativ. Auf einer langen Geraden will ich ihn zur Führung zwingen. Beine hoch- und Druck wegnehmen, das Tempo fällt auf 22, der Lutscher muss bremsen, bleibt aber hinten. »Warum stört dich der eigentlich?«, frage ich mich, »du siehst ihn nicht, du kannst genauso weiterfahren wie geplant, und wenn es dem Kerl nicht passt, umso besser.« Aber das geht nicht. Muss wohl an einem urzeitlichen Instinkt des Mannes liegen, als wir Rivalen um die Gunst der Weibchen noch brüllend weggehauen haben. Momentan lasse ich die Hände noch am Lenker, schneuze mich aber ungalant zur Seite und konzentriere mich auf eine bissige Welle, die gleich kommt: Knapp 800 Meter mit etwa fünf Prozent, der klassische Bergsprint, wenn man will. Eigentlich wollte ich heute nicht. Antritt, großes Blatt, hektisches Reißen. »Nicht unter 28«, hämmere ich mir ins Hirn und schaffe es tatsächlich. Der Sauhund leider auch. Er räuspert sich zwar, ich höre seinen Atem, aber er bleibt dran wie eine Zecke. Nix zu machen.

Plötzlich klingelt sein Handy. Tatsächlich – er kann sprechen. »Hallo Schnuggel ... dauert nicht mehr lang, ich bin ...« Mehr höre ich nicht mehr, die Chance ist einmalig. Brutaler Antritt, großes Blatt mit maximalen Watt. Nach 30 Sekunden drehe ich mich kurz um. Er ist weg vom Hinterrad, aber er hat sein Handy weggesteckt und

beugt sich über den Lenker. Kurz darauf klebt er wieder an mir dran. »Wie geht's Schnuggel?«, rufe ich nach hinten. Keine Antwort. Langsam wird er lästig und ich frage mich: »Warum nicht einfach anhalten, kleine Pinkelpause, Reifen prüfen an der Tankstelle?« Aber irgendwie geht das nicht. In diesen Momenten gibt es keine Ratio mehr, die Sache muss ausgefahren werden, auch wenn es erstens dumm, zweitens lästig, drittens anstrengend und viertens ungesund ist. Mit einem Wort: männlich.
Ich ärgere mich, dass ich nicht als vernünftige Frau auf die Welt gekommen bin und sammle den letzten Rest Energie fürs Finale. Noch zweieinhalb Kilometer, 180 Höhenmeter, dann bin ich zu

Hause. Insgeheim hoffe ich, dass der Lutscher den letzten Hügel auslässt und geradeaus weiterfährt, was er natürlich nicht tut. Rein geht's. Ich wähle die Acht-Tritte-Selbstmotivation. Die geht so: Raus aus dem Sattel und acht knüppelharte Tritte zum mitgedachten Sprechgesang »Ich-mach-dich-weg-ich-koch-dich-ein«. Das ganze dreimal, dann kurz lockerlassen. Sobald der Parasit wieder dran ist, noch einmal. Wenn der Lutscher drei Antritte à 24 Pedalumdrehungen übersteht, habe ich verloren. Er übersteht sogar fünf und fährt 300 Meter vor der Kuppe locker an mir vorbei – nach 44 Kilometern Lutschen. »Danke für den Lift«, ruft er mit dreckigem Grinsen. Ich denke mir ein paar unaussprechliche Wörter und höre mich sagen: »Gern geschehen, Schnuggelbär.«
Zu Hause bin ich völlig fertig. Die Waden zucken, das Kinn zittert, nicht mal das Weizenbier schmeckt. »Papa, du siehst fertig aus«, feixt der Nachwuchs. Und ich frage mich: Warum, um alles in der Welt, müssen Männer immer Machtkämpfe austragen? Da ich keine Antwort finde, kommt doch wieder Brägel ins Spiel. Der Lapp ist schuld. Wäre er nicht in Urlaub gefahren, hätten wir heute zusammen trainiert. Und zu zweit hätten wir den schweigenden Blödmann sauber auseinander gefahren. Das ist sicher.

Waagemut

Während die Profis sich intensiv auf die Tour de France vorbereiten, arbeitet auch Brägel hart an seiner Form für Juli. Fast ein wenig zu hart ...

So eine Jubiläumstour will gut vorbereitet sein. Weil sich Brägel manchmal so fühlt, als sei er schon 1903 in Paris bei der ersten Tour de France persönlich mit am Start gewesen, hat er sich für den Juli 2003 ein etwa 52 Meter langes Wohnmobil mit allen Schikanen gemietet: Spülmaschine, Satelliten-TV, Minigarage für den Motorroller, Internet, Whirlpool, die kleine Radwerkstatt – alles an Bord. Nebenbei hat er seine etwas rudimentäre Beinmuskulatur mittels eines halben Kilos Kreatin und einiger RTF in halbwegs passable Form gebracht. In der Volkshochschule hat er außerdem ein paar

zentrale Sätze auf Französisch gelernt. Brägel kann unfallfrei sagen: »Ich esse gerne französisch, aber bitte keine Froschschenkel«; »Einen Milchkaffee mit zwei Hörnchen bitte«; »Ich bin ein Fan von Jan Ullrich, aber ich mag auch Lance Armstrong«; und, zum Höhepunkt: »Junge Dame, ich habe in meinem komfortablen Wohnmobil einige sehr interessante historische Abhandlungen aus der Gründerzeit der Tour. Wenn Sie mal reinlesen wollen?« Diese Phrase übt er aber nur, wenn seine schwangere Gattin beim Einkaufen ist. Ich frage mich, was er antwortet, wenn ihm tatsächlich eine Frau zuhören sollte und dann eine Nachfrage stellt? Wahrscheinlich sagt er dann: »Ich esse gerne französisch, aber bitte keine Froschschenkel.« Da wäre ich gerne dabei.
Wir vom Radclub haben uns jedenfalls für L'Alpe d'Huez bei Brägel angemeldet, weil die Nummer mit der historischen Literatur sowieso nicht funktionieren wird. Der alte Hans hätte aber beinahe alles vermasselt, weil er Brägel am Stammtisch auf seine Wampe angesprochen hat: »Hör mal, Alter, mit der Plauze kannst du nicht zur Tour, das sieht nicht gut aus.« Brägel war ein bisschen geknickt, aber nach zwei Hefeweizen schon wieder »en forme«. Zu unser aller Erstaunen kündigte er an, eine Woche Heilfasten einzuschieben. »Ich habe gelesen, das reinigt Körper und Seele«, sagt er, »und man kann wieder klar und frei denken.« Das wäre allerdings Neuland für ihn.
Wir beschließen, dass ich die Aktion ein wenig überwachen soll. Nicht, dass der Lapp noch umkippt und wir auf seine rollende Vierzimmerwohnung in L'Alpe d'Huez verzichten müssen.
Am Montag besuche ich Brägel kurz vor dem Frühstück. Seine Frau Viola ist leicht angefressen, weil er die Woche der Wahrheit mit einem Kamilleneinlauf begonnen hat und dauernd das Klo blockiert. Außerdem riecht es komisch in der Wohnung. Brägel sieht ein bisschen blass aus, aber entschlossen. Ich beiße genüsslich in ein Salamibrötchen und lese Zeitung. Nach zwei Stunden Jubel-

schreie. »200 Gramm«, bellt Brägel, »ich habe 200 Gramm abgenommen.« Ich lasse die Familie allein. Spätestens heute Abend ist alles vorbei, denke ich.

Doch das ist falsch. Beim Besuch am Dienstag sieht Brägel noch ein bisschen blasser aus, die Falten um seine Augen sind tiefer, die Wampe wackelt weiterhin über der grauen Jogginghose. »Und?«, frage ich. »862 Gramm«, nölt Brägel. Ich schaue mir die Waage an, die solche Zahlen auswirft und entdecke ein Designerteil, das auch noch mit dem Probanden spricht. Brägel drückt »Enter« und dann »User 1«, zieht sich nackt aus und steht drauf. »Sehr gut, User 1«, spricht eine sehr erotische Frauenstimme, »weiter so.«

Mittwoch: Viola ist mit Jan-Miguel bei McDonalds, weil Brägel zu Hause keine Essensgerüche mehr erträgt. »Und?«, frage ich. »1.746,5 Gramm«, vermeldet Brägel, sieht aber unglücklich aus. »Ich habe Hunger«, sagt er. »Und der wache Geist?«, frage ich. »Vollidiot!«, ist die Antwort. Wir beschließen, ein bisschen locker Rad zu fahren, das bringt sicher ein Sonderlob von der Waage und lenkt ab. Brägel rollt erstaunlich gut, nur als wir an einer Pommesbude vorbeifahren, muss er ein wenig weinen. »Halt durch«, sage ich, »ich bewundere dich.« Und das stimmt sogar.

Donnerstag: Brägel öffnet strahlend, zerrt mich zur Waage. »Reduktion 3.016 Gramm«, flötet die Signorina, »sehr, sehr gut, User 1.« Tatsächlich – die beiden Wülste über der Hüfte sind schlanker geworden. »Stell' dir vor, ich hab' keinen Hunger mehr.« Aber ich. Bis morgen.

Freitag: Euphorisch doziert Brägel, dass er vor fünf Minuten Stuhlgang (hat er tatsächlich so gesagt) hatte. »Da kommt immer noch was, ganze Ladungen, nach fünf Tagen! Ich habe noch nicht runtergespült, willst du sehen?« Ich will nicht, dafür lässt er die Signorina schmachten: »4.221 Gramm. Wenn Sie diese Intervalle halten, erreichen Sie in 16 Tagen ihr Normalgewicht von 81,5 Kilo.« Brägel hüpft freudig durch die Wohnung: »Ich habe über-

haupt keinen Hunger.« Langsam wird er faltig und lästig. »Wie lange noch?«, frage ich. »Keine Ahnung«, antwortet Brägel und zieht sich mit einem Buch von Schopenhauer zurück. »Nahrung für den Kopf«, sagt er.
Am Wochenende beraten wir im Club, ob das noch gut sein kann. »Ich will in Alpe d'Huez in diesem geilen Wohnmobil pennen«, sagt der alte Hans, »da sollte Brägel eigentlich noch leben.« Am Montag schickt Viola Brägel zur Post und ich entere mit einem Computerspezialisten das Bad. Die Waage ist tückisch, aber letztlich auch nur ein Automat.
Dienstag: Brägel auf der Waage. »8.278 Gramm Reduktion«, spricht das Teil, »Sie sind tot.« Brägel rutscht die Euphorie aus dem Gesicht. »Schau«, sage ich, »acht Kilo sind doch schon gut.« Und er sieht auch wirklich dünner aus, sogar an der Wampe, wenngleich sein Stammfett sehr widerstandsfähig ist – wie man es eben so hat über 40. »Also gut«, sagt Brägel und beendet die Kur. Dass die Waage mit meiner leicht verstellten Stimme sprach, hat er nicht gemerkt.
Die Tour zum 100. Geburtstag ist gesichert, Brägel wird im Juli noch leben. Ich habe mir in der Apotheke die Broschüre: »Heilfasten von A bis Z« besorgt und einen Einlauf. Brägel will mir seine Waage leihen. Sind ja noch drei Wochen bis zum Start.

Vorsorglich fürsorglich

Eigentlich ist es ja ganz schön, ein wenig umsorgt zu werden. Wenn allerdings Brägel seinen ganzen Ehrgeiz darauf verwendet, ist man vielleicht gerade besser nicht in der Nähe ...

Kein Zweifel, Sport ist gesund – und er soll auch gut sein für Paare. Soziologen referieren gerne über sinnstiftende Elemente gemeinsamer Sportausübung für Partnerschaften. Was die Gelehrten dabei gerne vergessen, ist die schlichte Tatsache, dass Paare in aller Regel aus einem Mann und einer Frau bestehen, und wenn der Mann dann auch noch Brägel heißt, wird's schwierig. Weil, und auch das ist eine Tatsache, Männer immer alles besser wissen, und Frauen eine genetische Beratungsresistenz in sich tragen.
So gesehen ist die Katastrophe programmiert, als Brägels bessere Hälfte Viola trotz Schwangerschaft in diesem Sommer doch wieder aufs Rennrad will. Das Ziel ist klar: Sie möchte sich nicht mehr als acht Kilo zusätzliches Gewicht bis zur Niederkunft gestatten. Brägel ist natürlich begeistert. Endlich fährt mal jemand mit ihm, den er nicht gleich am ersten Hügel aus den Augen verliert. Und da sich der Lapp für einen fürsorglichen Ehemann hält, tut er alles, um seiner Frau den Sport so angenehm, sicher und erfolgreich zu gestalten wie möglich. Was dann so aussieht: Sonntagmorgen, kurz nach acht. Brägel ist schon ganz hippelig. 40 Kilometer mit Viola –

Weibliches Prinzip | Männliches Prinzip

das erfordert ein richtiges Frühstück. Brägel kreiert ein Grünkern-Dinkel-Basmati-Müsli mit frischen Waldbeeren und einen unsäglichen Tee (Blutorange plus Eisenkraut plus Zitronenmelisse). Hinterher sieht die Küche aus wie nach einer Teenagerparty, und Viola ist stinkig, weil sie ohne Kaffee nicht in die Gänge kommt. »Kaffee«, nölt Brägel, »entzieht dem Körper Flüssigkeit. Willst du unser Kind im Mutterleib verdursten lassen?« Viola antwortet nicht und startet die Kaffeemaschine.

Brägel mault noch ein bisschen, trollt sich dann aber in den Keller, um die Räder vorzubereiten. Für Viola hat er sich beim Händler ein Geschoss mit Schwingsattel, Federgabel und Dreifach-Ketten-

blatt ausgeliehen. Den Sattel hat er so weit wie möglich nach vorne gestellt, damit die Gattin »nicht in das Kind hineintritt«, wie er sagt. Dann füllt er ein seltsames Gebräu aus dem Reformhaus (Krafttrunk mit schottischen Hochmoor-Kräutern, sieben Euro der Liter) in Violas Flasche und wartet auf seine Gattin. Die kommt aber erst nach einer Stunde, nachdem sie die Küche geputzt hat. »Sonst hätten wir heute Mittag Ratten im Haus«, sagt sie. Viola wirft einen Blick auf das Schwingsattel-Monster und nimmt ihr normales Rad vom Haken. »Ich will radeln, nicht ins Museum of Modern Art«, sagt sie. »Denk an die Gesundheit des Kindes«, jault Brägel. »Ich bin schwanger, nicht krank, und jetzt lass' uns fahren«, antwortet die Gattin.
Brägel nörgelt, fährt aber los. Generös greift er den Lenker oben und bietet gewaltigen Windschatten an. Aber egal, wie schnell oder langsam er fährt, Viola lässt 30 Meter Abstand. »Häng' dich doch endlich rein!«, brüllt Brägel nach hinten. Viola schüttelt nur den Kopf. »Wie dein Hintern aussieht, weiß ich, ich möchte was von der Landschaft sehen.« Brägel stöhnt. »Wir fahren Rennrad, das ist doch keine Wanderung.« Viola kann ihn aber nicht hören. Sie hat angehalten und kippt nach einem Probeschluck den Inhalt ihrer Trinkflasche in den Gully. »Willst du mich umbringen?!«, bellt sie den Gatten an, der leicht genervt zurückgeradelt ist. Brägel schweigt und füllt fürsorglich die Hälfte seiner Wasserflasche in Violas Bidon. Weiter geht's.
Brägel versucht nun ein gleichmäßiges Tempo zu fahren, um »die Grundlagenausdauer bei mittlerer Pulsfrequenz zu schulen«, wie er sagt, »das erleichtert auch die Geburt«. Viola ist das wurscht. Mal fährt sie weit hinter ihm, mal rollt sie einfach vorbei, Brägel kriegt Pickel, beißt sich aber auf die Lippe. Und dann hält sie auch noch an einem Stand für Trockenblumen, fragt, ob man die Blumen auch morgen noch kaufen könne. »Sapperlot, so kommen wir nie ins Flow«, grantelt Brägel.

Schweigend rollen sie weiter, Brägel auf der Suche nach einem Rhythmus, Viola wie sie mag. Der arme Kerl wird ganz nervös. Da weiß er nun so viel von peripherer Durchblutung, von Wohltaten für den Herzmuskel, und das Weib MACHT EINFACH WAS SIE WILL. Noch ein Versuch: »Höhere Frequenz, kleiner Gang, bitte«, bettelt Brägel. Violas Antwort: »Such dir doch so 'ne junge Sportschlampe, wenn es mit mir nicht recht ist.« Brägel verschluckt eine passende Replik (»Und du dir einen Wanderführer«), und so geht es 18 Kilometer beinahe friedlich weiter.

Es gibt nur ein Problem: Brägel hat sich einen Schnitt vorgenommen, der nicht unter 20 sein darf – da sind wiederum Männer genetisch belastet. Kurz vor der Heimkehr zeigt der Computer 20,2. Könnte reichen, aber da ist noch diese Welle, 15 Höhenmeter vielleicht. »Pass auf, Schatzi«, flötet Brägel, »da drücken wir jetzt drüber, großes Blatt, volle Lotte.« Aus irgendeinem nicht nachvollziehbaren Grund folgt Viola der Ansage ihres Gatten, der Schnitt bleibt am Scheitelpunkt über 20. Brägel ist glücklich, tritt fünfmal kräftig in die Pedale, um in der Abfahrt noch ein bisschen zu beschleunigen. Nur zur Sicherheit, wegen des Schnitts. Viola lässt es rollen. »Treten«, brüllt Brägel, »verdammt, tritt endlich rein!« Viola rollt trotzdem, hartnäckig. Brägel bremst, wartet, dann geht es mit ungesundem Zorn im Bauch Richtung heimischer Garage. Ein Rentner-Paar auf Dreigangrädern stampft vorbei. Brägel leidet stumm. 19,9 zeigt der Schnittrechner am Ziel. »Du verstehst das Rennradfahren nicht«, sagt er zu seiner Frau. Die bleibt stumm, und der Rest des Sonntags ist irgendwie eisig. Trotz Hochsommer.

Übrigens: Bis zur Geburt radeln die beiden getrennt, und Brägel will einen offenen Brief an alle deutschen Familiensoziologen schreiben.

Triumph in Alpe d'Huez

*Jeder Rennradler sollte mal eine echte
Bergankunft hinter sich bringen –
aber besser nicht mit Brägel als Gegner*

Vor einiger Zeit haben wir bereits berichtet, dass sich Brägel für die Tour de France ein Super-Luxus-Wohnmobil mieten wollte. Er ist auch tatsächlich losgefahren, in die Alpen, nach Bourg d'Oisans, dem Örtchen, von dem aus es hinauf geht nach Alpe d'Huez. Ich bin mitgefahren, weil wir im Radclub der Meinung waren, dass Brägel so eine Herausforderung unmöglich alleine bewältigen kann. Und wenn er nicht gesund wiederkommt, fehlt uns der Sponsor für die neue Sauna im Clubhaus, die wir im November eröffnen wollen.
Wir fanden dann einen schönen Platz für das Riesenschiff, allerdings nur im Tal. Die Plätze am Berg waren schon drei Tage vor dem Rennen restlos belegt, wobei Brägels rollendes Zweifamilienhaus sowieso nirgends hingepasst hätte. Am Abend haben wir uns ein sportgerechtes savoyardisches Raclette mit drei Flaschen Rosé gegönnt, sind danach zum Wohnpanzer zurückgewankt und haben die Alarmanlage ausgelöst, weil Brägel an der Tür den falschen Code eingegeben hat. Nachdem die halbe Stadt zusammengelaufen war, gelang es uns doch noch, die Tür sachgerecht zu öffnen. Wir entschuldigten uns, aktivierten die automatische Niveauregulie-

rung der ausladenden Betten und legten uns hinein. So viel zur Vorgeschichte.

Brägel weckt mich um sechs, weil er in der Kühle der Morgens radeln will. Das ist zwar vernünftig, allerdings öffnen die Bäcker erst um sieben, und im Kühlschrank des Panzers sind nur einige Dosen Cola. Brägel ist das egal, er erklärt die Taktik. »Pantani«, sagt Brägel, »ist in etwas mehr als 37 Minuten die 14 Kilometer hochgefahren. Wir geben pro Kilometer eine Minute drauf, dann sind wir bei 51 Minuten.« Ich erkläre ihm müde, dass wir damit immer noch locker so schnell wären wie das Gruppetto mit Leuten wie Zabel oder Peschel – und Brägel nickt. »Genau«, sagt er.

Ich wage den Einwurf, dass sein Tacho Anfang Juli bei knapp 2.000 Kilometern steht und dass er gut und gerne zehn Kilo zu viel auf den Rippen hat. »Dafür vorne Dreifach«, kontert der Lapp, »ich kurble wie Lance.« Ich sag' nichts, trinke eine Cola und kaufe beim nächsten Bäcker, der gerade öffnet, Croissants. Besser als nichts. Vor dem Einstieg in die 21 Kehren mit durchschnittlich 7,9 Prozent Steigung kauft Brägel noch vier Flaschen dunkelblaue Elektrolytbrühe an einer Tankstelle. »Zum zweiten Frühstück sind wir oben«, sagt er, »sind ja nur knapp 14 Kilometer.« Aber was für welche, denke ich und sage laut: »Wohlan, lass uns beginnen.«

Die erste Panne hat Brägel noch im Tal. Plattfuß. Er behebt den Schaden, doch inzwischen zeigt die Uhr zehn, die Sonne brennt mit Macht. Zwei der vier Flaschen mit dem klebrigen blauen Zeug sind schon weg und wir immer noch im Tal. Um 10.07 Uhr entern wir die Schicksalsstraße der Tour, 30 Sekunden später kurbelt Brägel vorne auf dem Rettungsring. Ich versuche ihn zu trösten, erinnere daran, dass es nach den ersten vier Kehren etwas flacher wird, doch Brägel antwortet nicht. Aber er fährt. Ich kette 39x28 und entspanne mich. Der Tacho zeigt zwischen 6,9 und 7,4 km/h. Ganze Horden schieben sich an uns vorbei, grüßen freundlich. Ich antworte locker, Brägel hat keine Luft dazu, an seinen Schläfen

treten die Adern bleistiftdick hervor. Ich denke an die Sauna im Clubhaus, lege sanft meine Hand in Brägels Rücken und schiebe ein bisschen. »Kleine Pause, Alter?«, frage ich.
»Niemals«, stöhnt Brägel, der sich gerade an einem etwa 75-jährigen Franzosen vorbeikämpft, ohne meine Hilfe. Balsam für seine Moral – wenigstens einer ist langsamer. Nach 37 Minuten, Pantanis Zeit, haben wir 4,5 Kilometer geschafft, also ungefähr ein Drittel. Als die angestrebten 51 Minuten um sind, fehlen uns immer noch sechs Kilometer, und zu trinken haben wir auch nichts mehr. Den Plan, nach der Hälfte mein Tempo zu fahren, gebe ich auf, es geht um die Sauna. Ein netter Mann füllt unsere Flaschen an einem Brunnen, rennt uns das Stückchen nach und drückt sie uns in die

Hand. »Ich würde mal anhalten, der sieht richtig scheiße aus«, sagt er zu mir und deutet auf Brägel. Ich nicke, aber Brägel will nicht. Noch vier Kilometer.
Brägels Kopf nimmt die Farbe der Punkte auf dem Bergtrikot der Tour an, aber er will keine Rast, auf gar keinen Fall. Wir fahren ein bisschen schneller, weil es flacher wird. Plötzlich warnt sein Pulsmesser – Brägels Pumpe geht in den roten Bereich. Ich fürchte um die Sauna. »Jetzt ist gut, Pause«, belle ich. Brägel fährt weiter, und ich bekomme Panik. Der Mann wird bald zum zweiten Mal Vater; wie bringe ich die Leiche heim, wie lautet nochmal der Code fürs Wohnmobil? Ich will an ihm vorbei, ihn zum Absteigen zwingen, aber plötzlich geht mir der Strom aus, den ich bisher noch gar nicht gebraucht habe. Zu lange in der Sonne, Schwindel, Grummeln im Magen. Brägel zieht davon.
Nach einer Stunde und 27 Minuten ist Brägel am Zielstrich, ich komme zwei Minuten später. Brägel empfängt mich mit Gönnermiene. »Komm, ich lade dich zum Essen ein, du siehst richtig mies aus.« Ich könnte ihn umbringen. Die zwei Minuten wird er mir jetzt ein Jahrzehnt lang vorhalten, bei jeder Gelegenheit. Schon beim Essen fängt es an. Brägel telefoniert seinen Triumph nach Hause. Dann bin ich dran. »Am Ende«, ölt Brägel, »fehlt es dir eben an der Moral. Im Finale musst du mehr Härte zeigen, mehr Biss, weil eigentlich bist du ja besser als ich am Berg.« Himmel hilf! Kein Wort vom Schieben, vom Kriechen am Einstieg, nur sein Triumphgeheul. Und das alles wegen dieser blöden Sauna. »Morgen Croix de Fer?«, frage ich. »Nein«, antwortet Brägel, »ich muss zurück, tut mir leid.«
An diesem Abend werden es vier Flaschen Rosé. Brägel schläft nach einer ein, ich hab' mir den Rest gegeben.

Normale Härte

*Brägel findet, es wird langsam Zeit,
die Renn-Karriere seines Sohnes aufzubauen.
Und da will er vor allem eines sein: Vorbild*

Das Elend begann an einem dieser brütend heißen Tage im Hochsommer. Die Sonne brannte derart gnadenlos, dass selbst Trainingsplan-Fetischisten lieber auf direktem Weg in den Biergarten rollten. Nur Brägel natürlich nicht. Während seine Gattin still schwitzend ihre Schwangerschaft erträgt und sich meistens im Schatten aufhält, will der Wahnsinnige bei knapp 40 Grad und Ozon-Alarm Rad fahren. Und zwar mit Jan-Miguel, seinem Spross im Vorschulalter. »Wer einmal die Tour gewinnen will«, doziert er am Stammtisch, »muss früh Härte zeigen.« Wir entgegnen, dass er gefälligst sein Kind in Ruhe lassen soll. Was er natürlich nicht tut.
Zum Glück ist Jan-Miguel vernünftig; nachdem er seinem Papa drei Kilometer weit auf seinem nagelneuen Sechsgang-Drehgriff-Racer hinterhergejuckelt ist, verweigert der Kleine die Weiterfahrt. »Viel zu heiß«, sagt er, »mag nicht mehr.« Brägel ist zerknirscht. Der Kleine sei zu weich, jammert er und malt ein – für ihn – furchtbares Szenario. Jan-Miguel sei irgendwie auffällig. Statt Frösche zu fangen, singe er lieber im Vorschul-Chor französische Kinderlieder. »Wenn er sich schmutzig macht, will er sofort frische Klamotten«, heult der Vater. Statt mit seinem Spielzeugpanzer spiele er lieber mit der Tochter des Nachbarn – »Gummitwist«, sagt Brägel mit angewidertem Gesicht. Rad fahren mag er nur nach seinen Regeln –

wenn es anstrengend wird, hört er auf. »Das ist doch nicht normal«, greint Brägel. Der alte Hans stimmt zu: »Das kommt von den frauenbewegten Kindergärtnerinnen mit ihren lila Halstüchern, die den Buben das Stricken beibringen!!« Seine Empfehlung: eine Tracht Prügel. Aber der alte Hans ist, wie der Name sagt, schon ziemlich alt und erziehungstechnisch nicht mehr auf dem neuesten Stand. Wir anderen raten Brägel, seinen Sohn so zu lassen, wie er

ist. »Der Junge hat die Chance, ein normaler Mensch zu werden«, sage ich, »aber dann musst du ihn in Ruhe lassen. Lass Viola das machen, sonst wird er am Ende wie du.«
Brägel ist beleidigt – aber zumindest so einsichtig, dass er Jan-Miguel nicht mehr bei 40 Grad Hitze in den Sattel zwingen will. Dafür setzt er jetzt auf die Überzeugungskraft eines Vorbildes, und das ist – er selbst: Brägel will Seniorenrennen fahren, und der Kleine soll zusehen. »Da wird er dann stolz sein, wenn sein Papa einen Pokal gewinnt«, schwelgt der Lapp. »Edler Sport, Mann gegen Mann, und gedopt wird bei den alten Herren auch nicht«, schwärmt er. Der alte Hans lacht: »Nicht gedopt? Glaubst du, die Löcher in meiner Leber kommen vom Weizenbier?« Brägel ist ein wenig irritiert, nimmt aber trotzdem das Training auf. Sein Debüt soll Ende September bei einem Kriterium ganz in der Nähe sein. 40 Runden à 900 Meter rund um den Marktplatz.
Brägel besorgt sich eine Lizenz, nimmt 600 Gramm ab, trainiert während unserer Feierabend-Runden harte Antritte an Ortsschildern und predigt seinem Sohn jeden Tag, dass er bald sehr stolz auf den Papa sein kann. Ich rate ihm, die Möglichkeit einer Niederlage wenigstens theoretisch ins Auge zu fassen, aber Brägel winkt ab. »In meiner Altersklasse fahren nur 17 Gegner mit, und ich bin der Jüngste«, sagt er. Und der Schwerste, denke ich, sage aber nichts.
Am Renntag steckt Brägel seinen Filius in ein gelbes Trikot, auf dem groß »HOPP, PAPA, HOPP« steht. Viola muss auch mit, weigert sich aber, die Fahne mit der Aufschrift »VENGA, VENGA BRÄGEL!« mitzunehmen. »Am Ende kennt mich da noch einer«, befürchtet sie. Das Rennen der Senioren-Klasse vier startet um 15 Uhr. Die Brägels sind sechs Stunden vorher da, weil sich der Papa einrollen muss. Mittags will Jan-Miguel nach Hause, wird aber mit Rennwurst und Soft-Eis ruhig gestellt, wovon er einen Teil kurz vor dem Start Papa vor die Schuhe kotzt. Brägel stinkt nach einer Mischung aus Massageöl und Schweiß und sagt: »Jetzt pass mal auf,

wie Papa das macht.« Jan-Miguel quengelt: »Dauert das lange? Ich will nach Hause.«
Start: Brägel nimmt sofort die Führung und rast nach einer Runde mit 50 Metern Vorsprung durchs Ziel. Jan-Miguel klatscht begeistert in die Hände, brüllt »Hopp, Hopp, Hopp!« Wir vom Radclub ermitteln einen Schnitt von 44,6 km/h für die erste Runde. »Das hält er nicht durch – no way«, sage ich. Nach drei Kilometern wird Brägel vom Feld der drahtigen Senioren gestellt. Sein Kopf hat die Farbe einer Kirsche, sein Tritt ist teigig. »Schneller, Papa!«, fordert Jan-Miguel. Viola ergänzt mit spitzen Lippen: »Hopp, Hopp, Hopp...« Brägel kämpft und hält sich vier Runden am Ende des Feldes, dann muss er reißen lassen. »Kämpfen!«, brüllen wir; »Ist Papa vorn?«, fragt Jan-Miguel. »Im Moment nicht«, antwortet seine Mutter. Der Streckensprecher gibt eine Erklärung ab. »Überrundete Fahrer«, quäkt es aus den Lautsprechern, »müssen das Rennen aufgeben.«
Jetzt kämpft Brägel um seine Ehre. Nach 19 Runden sieht es so aus, als sei er knapp in Führung, aber die hinter ihm haben eine Runde mehr. »Papa gewinnt!«, jubelt Jan-Miguel, Viola schweigt mit einem gehässigen Lächeln auf den Lippen, wir sagen auch nichts mehr. Nach 21 Runden fehlt der Papa; zwei Minuten später rollt er hinter die Absperrung. »Bist du Erster, Papa?«, fragt Jan-Miguel. »Nein«, keucht Brägel, »leider nicht.« »Zweiter?« Brägel schüttelt den Kopf. »Dritter?« »Dein Papa ist Vorletzter«, sagt Viola gut gelaunt. Jan-Miguel erinnert sich an Papas Versprechungen und überlegt: »Das ist schlecht, sehr schlecht. Du bist ein Weichei. Fahren wir jetzt heim? Auf Super-RTL kommt Aladin.«
Brägel hat am Abend im Clubheim fünf Weizen getrunken, seine Lizenz zerrissen und einen Schwur geleistet. Nie mehr will er Vorbild sein. Besser ist das.

Herbst-Depressionen

*Kaum steigt die Sonne nicht mehr so hoch,
sinkt die Stimmung und unterdrückte
Zipperlein drängen ins Bewusstsein.
Es gibt freilich jemanden, der Rat weiß.
Wenn man ihn lässt ...*

Brägel kam neulich ziemlich geknickt zum Stammtisch. Wir kennen seine weinerliche Art ja zur Genüge, und nachdem es nun Herbst geworden ist, wundern wir uns eigentlich nicht über seinen Blues zu den fallenden Blättern. Wobei der Kerl froh sein könnte, dass die Tage kürzer und die Wetterprognosen schlechter werden. Schließlich sinken Anzahl und Distanz der gemeinsamen Aus-

fahrten auf ein für ihn erträgliches Maß. Im Herbst haben ohnehin nur noch diese »Ich-will-2007-Paris-Brest-Paris-gewinnen«-Typen Druck, und von denen gibt's im Radclub nur drei. Der Rest rollt locker durch die sterbende Landschaft und verweilt öfter gut gelaunt in einer lebendigen Kneipe.
Brägel sieht dagegen richtig depressiv aus. Der Grund liegt in einem Artikel, den er in einer medizinischen Fachzeitschrift gelesen hat. Vereinfacht gesagt, referierte dort ein Herr Doktor über so unappetitliche Dinge wie den Sauerstoffpartialdruck und den Blutfluss im besten Stück des Rad fahrenden Mannes. Am Ende malt der Arzt das Schreckensbild einer radelnden Erektionsstörung an die Wand, weiß aber zum Glück, wie er wieder hoch geht, der Sauerstoffpartialdruck. Man müsse nur einen ganz bestimmten Sattel montieren. Den hat Brägel natürlich längst bestellt und angeschraubt. »Also, Alter, wo ist dann das Problem?«, frage ich und denke, dass es auch mit seinem alten Sattel nicht so schlimm gewesen sein konnte, schließlich ist der Lapp seit einer Woche zweifacher Vater. »Ganz einfach«, zischt er zurück, »Radfahren ist oft ungesund.«
Ganz neue Erkenntnis. Wir lachen ein wenig über den beklagenswerten Kerl, der schließlich nach nur einem Weizen beleidigt abzieht. »Und immer schön auf den Partialdruck achten!«, ruft der alte Hans hinterher. Die Männerrunde grölt, aber dann wird es doch ein bisschen ruhiger. Ungesund, hat Brägel gesagt, unser Hobby sei regelrecht ungesund. Der alte Hans erzählt plötzlich von seiner gequetschten Bandscheibe, die wegen der jahrelangen Schaukelei auf zu hohem Sattel mittlerweile auf seine Beinnerven drückt. Ein anderer spielt nachdenklich mit einer Schachtel Antibiotika. Seit zehn Tagen schluckt er Pillen, weil sich zum x-ten mal beim Radeln Stirnhöhlen und Bronchien entzündet haben. Am Nachbartisch sitzt einer, der praktisch jedes Mal kotzen muss, wenn wir einen Berg hochfahren, weil sein »Reizmagen zumacht«, wie

er sagt. Und aus meiner Hose riecht es streng, weil ich mein gereiztes Knie mit einer Mischung aus Menthol, Arnika und sonstnochwas einreiben muss. Nach einem an sich harmlosen Antritt gegen Brägel. Zudem schlucke ich ein entzündungshemmendes Mittel, das laut Beipackzettel genau einen segensreichen Effekt hat und etwa 4.000 Nebenwirkungen – bis hin zum akuten Leber-Crash. »Ach was«, sage ich, »wir werden nur ein bisschen älter, da zwickt es halt mal hier und da.« »Ich bin nicht alt«, mault der alte Hans und bestellt ein Bier und ein Kissen, damit er nicht auf der harten Bank sitzen muss.

Um Brägel wieder aufzumuntern, entwickeln wir die Idee, ihn zum Gesundheitsberater des Radclubs zu ernennen – und der Lapp ist enthusiasmiert bis an die Grenze des Erträglichen. Zuerst müssen natürlich alle Sättel gegen die tollen Neuen getauscht werden – auch die der Frauen, was sich mir nicht so recht erschließt, aber egal. Danach beschlagnahmt er all unsere chemischen Arzneimittel und ersetzt sie durch homöopathische. Dabei stellt sich heraus, dass der rebellische Reizmagen wohl eher eine Reaktion auf die Testosteronpillen aus den USA war. Ich darf gegen meine Knieschmerzen nur noch ein Ananas-Enzym einnehmen, das Sodbrennen verursacht und ansonsten nix hilft. Ich jammere und bekomme noch ein Mini-Röhrchen winzigster, mit bloßem Auge kaum erkennbarer Kügelchen. Die nenne man Globuli, sagt Brägel, und ich dürfe immer nur eines nehmen. Ich denke über den Sauerstoffpartialdruck in Brägels Hirn nach, bleibe aber stumm und nehme abends brav ein Kügelchen. Am nächsten Morgen ist mein Knie schlank, kühl, schmerzfrei.

Am Stammtisch müssen wir jetzt vor jedem Bier eine Tasse grünen Tee trinken. Schniposa (Schnitzel-Pommes-Salat) ist von der Karte gestrichen, stattdessen gibt es Spaghetti mit Olivenöl und Tofu. Der alte Hans bekam einen Stehtisch und Termine beim Osteopathen, der ihn, so Hans, »nur ein wenig komisch anfasst«. »Und wie geht's?«, frage ich. »Das ist es ja«, flüstert der alte Hans, »supergut.« Brägel wirbelt, vermisst unsere Räder, gibt Ernährungspläne aus wie die Kochtante von der Volkshochschule und empfiehlt Naturheiler. Das Schlimmste ist: Es hilft, uns geht es besser, sogar die Bronchitis ist dank Kamillendampf verschwunden. Brägel hat Erfolg, der Mann blüht auf und ich werde, ganz ehrlich, neidisch. Da gibt man ihm einen Job gegen seinen Herbstblues und plötzlich ist der Lapp der Star. Bei uns im Club geht es sogar denen besser, die sich vorher überhaupt nicht schlecht fühlten.

Zwei Wochen später schleicht der alte Hans ein wenig Moll gestimmt an den Stammtisch. Seit er seinen Rücken nicht mehr spürt, fährt er wieder mehr. Fünf stattliche Runden über 60 Kilometer in 14 Tagen. Aber jetzt – »irgendwas stimmt nicht mit dem neuen Sattel«, sagt er leise. Wie meinen? »Na ja, das mit dem Parzellendruck oder wie das heißt, ich weiß nicht so recht...« Die Lage ist klar, Brägel hat versagt. Der Beschluss ist einstimmig – ihm wird das Amt entzogen. Ich meine, so leichtfertig darf er mit unserer Gesundheit nicht umgehen. Und überhaupt, Brägel als gefeierter Guru, das geht irgendwie nicht. Künftig darf er nur noch auf schriftlichen Wunsch eines Mitgliedes tätig werden.

Na also, dann kann es ja Weihnachten werden. Ich habe mir trotzdem einen Termin bei Brägel geben lassen. Vielleicht hat er ein paar Globuli gegen Trittschwäche am Berg?

Frohe Weihnachten

Schenken macht Freude, denkt Brägel und besorgt für die Lieben Präsente, die er selbst gerne hätte. Wenn das mal gut geht ...

Ende November regiert auf den Straßen das Grauen. Ständig ist es nass, und auf rutschigem Laub wird jede Form von Resttraining zum Risiko. Der Himmel changiert höchstens zwischen Hell- und Dunkelgrau und selbst notorisch fröhlichen Menschen legt sich ein Schatten aufs Gemüt, weil bald Weihnachten ist und natürlich noch keiner ein Geschenk hat. Zumindest kein passendes. Nur Brägel strahlt, weil er zum zweiten Mal Vater geworden ist. Allerdings gab es schon kurz nach der Geburt Krach um den Namen, weil sich das Kind erdreistete, weiblich zur Welt zu kommen. Dabei hatte Brägel vorher festgelegt, dass der Bruder von Jan-Miguel auf den Namen Alessandro-Paolo hören soll, nach seinen neuen Idolen Petacchi und Bettini. Jetzt heißt das Mädel Bettina, allerdings nur mit zweitem Namen. Viola hatte noch im Kreißsaal mit Scheidung gedroht, als Brägel etwas von Alexandra-Bettina oder Sabrina-Bettina murmelte. Die Kleine wurde schließlich als Louise registriert. Bettina und Alexandra stehen zwar auch im Eintrag, aber ohne Bindestrich und sind damit praktisch nicht existent. Das nur am Rande.
Brägel ist nämlich auch deshalb so guter Dinge, weil er schon alle Geschenke fürs Fest besorgt hat. Sagt er. »Viola bekommt einen neuen superleichten Vorbau und eine Carbon-Sattelstütze«, schwa-

droniert er am Stammtisch, »Jan-Miguel einen Pulsmesser und Louise ein Autogramm von Jan Ullrich und einen Bausparvertrag.« Der alte Hans schaut ihn mit dem Blick an, den man Durchgeknallten schenkt. Ich erkläre ihm, dass Schenken Freude machen soll, und zwar vor allem dem Beschenkten, und dass eine Sattelstütze für eine junge Mutter in diesem Zusammenhang so ziemlich das Allerletzte sei. Selbst eine aus Carbon. Danach verfallen wir noch tiefer in Depression, weil jedem klar wird, dass er noch nichts hat fürs Fest und, noch schlimmer, noch nicht mal eine Idee.

»Es braucht Fantasie, Feingefühl und Wachsamkeit übers ganze Jahr, um die passenden, individuell gewählten Geschenke zu finden, die der jeweiligen Beziehung entsprechen.« Das sagt die Wissenschaft zum Thema. Uns wird schlagartig klar, dass diese drei Eigenschaften Brägel völlig abgehen – und uns weitgehend. Also wird es auch 2003 wieder ein Fiasko unterm Weihnachtsbaum geben. Auch für uns selbst. Denn für einen Mann wäre eine Sattelstütze aus Carbon tatsächlich ein gutes Präsent, aber um das zu begreifen, sind Frauen einfach nicht feinfühlig genug. Das kapieren nicht einmal die Ladys, die ansonsten ihre Männer im Sattel locker aus den Schuhen fahren.

Aus blanker Not entschließen wir uns, eine Liste sinnvoller Weihnachtspräsente für radelnde Beziehungen auszuarbeiten. Sie soll spätestens zwei Wochen vor dem Fest fertig sein. Wir sind natürlich schon nach einer Stunde so weit, weil Männer sich immer nur auf eine Sache konzentrieren können und das nicht besonders lange. Sagt auch die Wissenschaft. Unser Ergebnis: Grundsätzlich gilt, dass für männliche Wesen jedwedes Rad-Accessoire ein Gewinn ist, ob Trägerhose, Montageständer oder ein neuer Kurbelsatz. Es soll Männer geben, die sogar bei einem Transportkoffer leuchtende Augen bekommen. Vielleicht aber nur, weil der sie an das Radcamp in Südfrankreich erinnert – und an die nette Kellnerin. »Wenn das so ist«, jubelt Brägel, »kann ich Jan-

Miguel den Pulsmesser ja doch schenken.« Wir erklären ihm, dass ein Kind geschenktechnisch noch kein richtiger Mann sei und sich eher an einem Videospiel erfreue oder einem Chemiekasten zum Erstellen von Stinkbomben. Brägel begreift. »Dann kriegt Onkel Heinz den Pulsmesser«, sagt er. »Macht der Sport?«, fragt der alte Hans. »Nein«, sagt Brägel, »ist das wichtig?« Wir begreifen, dass Brägel offenbar wieder mal nichts begreift und das kurz vor der Königsübung: Was, um Himmels Willen, schenkt man Frauen?
Auf keinen Fall etwas fürs Rad, auch wenn sie dreimal in der Woche im Sattel sitzen. Wir erinnern uns an den traurigen Fall eines Clubmitglieds, der seiner Gattin einen Trikotsatz in Pink und ein Diätbuch unter den Baum gelegt hatte. Die Dame war kaum zu beruhigen und rastete schließlich völlig aus, als die angekündigte Kette tatsächlich das war, was wir uns darunter vorgestellt hatten.

Ist aber auch ein wenig bescheuert, eine Radkette an Weihnachten zu schenken. Nun ja – seine Frau fand es wenig originell, der Mann lebt seither wieder allein. Dafür ist er im vergangenen Sommer fast 6.000 Kilometer Rad gefahren, für die er niemandem Rechenschaft schuldig ist. Und er hat keinen Weihnachtsstress mehr.

Am Ende kommen wir aber doch noch auf ein paar gute Ideen. Unser Favorit ist ein Reisegutschein zur Mandelblüte nach Mallorca. Dahinter verbirgt sich ein geschickt getarnter Trainingsaufenthalt im Februar. Wunderbar sind auch Handys, die wie Vögel zwitschern statt zu klingeln und mit einem Satelliten korrespondieren. Um das eingebaute Positionssystem zu testen, muss man natürlich mit dem Rad ein paar Touren in entlegene Gegenden unternehmen. Merke: Wer seine Partnerin aufs Rad bringen will, sollte ihr nichts dafür schenken. Zumindest nichts, was in direktem Zusammenhang damit steht. »Urlaubsreisen, Handys, was das alles kostet«, jault der alte Hans, der sich wieder die Klassiker Parfüm, Batikschal oder Schmachtroman überlegt. Da hat er auch wieder Recht. Außer Brägel müssen wir ja alle ein bisschen auf den Euro schauen. Also verfallen wir wieder in tiefe Depression, trinken noch ein paar Bier und sehnen den 25. Dezember herbei.

Brägel ging schon früher, weil er eine Reise in ein Nobelhotel in Palma für Anfang Februar buchen wollte. Die Sattelstütze und den Vorbau hat er mir geschenkt. Frohe Weihnachten!

Die Mutter aller Pläne

*Das Wichtigste am Jahreswechsel
sind die guten Vorsätze – auch für Brägel*

Von ganz weit her dringt etwas quälend in mein Ohr. Himmel nochmal, es ist Sonntagmorgen, der letzte in diesem Jahr, und um neun schrillt das Telefon. Natürlich Brägel. »Hör' mal«, nölt er, »heute ist Saisonstart, ich hol' dich in einer halben Stunde ab.« Mit belegter Stimme versuche ich ihm zu erklären, dass bei uns im Club das neue Radjahr am 1. Januar beginnt und heute erst der 28. Dezember ist – aber Brägel hat natürlich schon aufgelegt. Also füge ich mich ins Unvermeidliche. Brägel ist pünktlich, gut gelaunt und so rollen wir die winterüblichen 38 Kilometer mit einem der Nach-Weihnachtsform angemessenen 22er Schnitt. Am Anfang war ich noch grantig wegen der frühen Ruhestörung, aber wo Brägel Recht hat, hat er Recht. Ach, ist das schön: Beim lockeren Rollen verdampft der Restalkohol der Feiertage unter der Thermojacke, der Kopf wird klar, und das mit dem vorgezogenen Neustart hat zudem einen psychologischen Vorteil: Wenn wir vor dem unvermeidlichen Silvesterabsturz noch zweimal auf den Bock kommen, gehen wir mit 100 Kilometern Vorsprung ins neue Jahr. Euphorisch entern wir das Clubhaus und bestellen Glühwein. Nach dem zweiten Glas erklärt Brägel seine Saisonziele für 2004: Mindestens 7.000 Kilometer, zehn Tourenfahrten, davon zwei über 200 Kilometer. Im Juli dann einen Trip zum Bergzeitfahren der Tour nach Alpe d'Huez, wo er selbst unter 1:10 Stunden hochkacheln will und, natürlich, endlich einmal Trondheim-Oslo. Der

Höhepunkt der Saison wäre dann der Start bei der Senioren-WM in Österreich. Respekt. Selbst wenn am Ende 3.000 Kilometer, fünf RTF, Alpe d'Huez in 1:30 und Lillehammer-Oslo rauskommen würden – es wäre ein verdammt gutes Radjahr für Brägel. Von der Senioren-WM reden wir lieber nicht, in St. Johann würden ihn die Siebzigjährigen locker aus den Schuhen fahren.

Die Pläne sind da, aber über dem dritten Glühwein senkt sich Moll ins Gemüt. Es wird wohl werden wie immer: Bis nach dem Frühjahrstraining auf Mallorca läuft alles nach Plan, aber mit der Sonne wird der Schlendrian kommen, die Ausfahrten werden seltener, der Formaufbau zusehends zäher und der Biergarten attraktiver. Das scheint ein Gesetz zu sein. Brägel fragt in einem alkohol-philosophischen Anfall: »Weiß denn keiner, wie man Träume rettet?«

»Ganz einfach«, doziert der alte Hans, der mittlerweile auch im Clubheim angekommen ist (in Zivil, ohne Training, hähä). »Ich nehme mir am 1. Januar den Jahreskalender und markiere die Tage, an denen ich fahren will und die Kilometer dazu. Und das wird dann auch durchgezogen, egal ob es regnet, stürmt oder Aldi am diesem Tag ein Superschnäppchen verkauft.« Es ist beinahe unnötig zu erwähnen, dass der alte Hans seit zehn Jahren geschieden ist. Wer derart preußisch plant, wäscht am Samstagmorgen sein Auto, mäht danach den Rasen und steigt anschließend bis zur Sportschau in die Badewanne. Nein, das funktioniert bei Normalos nicht.
Brägel entwickelt daraus eine abgeschwächte Disziplinierungsmethode. »Also«, erklärt er, »ich nehme mir jede Woche 150 Kilometer vor, das sind etwa drei mal zwei Stunden, das ist machbar. Das wären dann 7.800 Kilometer im Jahr.« Klingt eindrucksvoll, wenn man mit überschaubaren 150 Kilometern in der Woche auf so eine Jahresbilanz kommen kann. Aber auch das wird nicht klappen. Urlaub, berufliche Termine, die jährliche Stirnhöhlenentzündung und außerdem: Wer will schon immer dreimal pro Woche 50 Kilometer fahren? Das klingt ja fast wie ein Beschlafungsplan bei Kinderwunsch oder wie die Kalender-Idee vom alten Hans. »Quatsch«, kontert Brägel, »du kannst die 150 Kilometer auch auf ein- oder zweimal fahren. Nur am Ende der Woche musst du im Schnitt sein. Mehr ist natürlich erlaubt, weniger nicht und Kredit gibt es auch keinen.« Klingt vernünftig. So gesehen, könnte man nach einer Woche Mallorca locker zwei Wochen Pause machen. Vielleicht ist das ja tatsächlich der Plan, der klappen könnte.
»Blödmänner«, zischt es vom Nachbartisch, »Radfahren muss doch Spaß machen. Ist doch wurscht, ob ich 7.000 oder 3.000 Kilometer im Jahr fahre.« Auch das noch. Am Nebentisch sitzen unsere Radfrauen und reden von Fun. »So weit kommt's noch«, röhrt der alte Hans, »seit wann soll Radfahren Spaß machen? Es geht um Kampf, Training, Fron, nicht um Spaß, versteht ihr?« Natürlich verstehen

sie nicht, sonst wäre Hans ja nicht geschieden. Aber er hat Recht. Wenn Männer im Sattel sitzen, hat das mit Spaß nix zu tun. Brägel nickt. »Mit mehr als drei Männern gibt's immer ein Rennen«, sagt er. Das soll auch so sein; liegt wahrscheinlich an den Genen. Wenn's anders wäre, hätte es in der Steinzeit nichts zu essen für die Familie gegeben. Heute fährt Mann eben Rad.
Egal, die 150-Kilometer-Variante klingt gut. Das wird unser Modell für 2004. Die Euphorie kommt zurück. Brägel und ich verabreden uns für den nächsten Morgen zu einer zweiten Runde in der neuen Saison. Und morgen ist erst der 29. Dezember. Vielleicht haben wir schon Anfang Januar genug Kilometer für ein Päuschen.

Fremdgänger

*Das elfte Gebot für Rennradler lautet:
Du sollst kein anderes Fahrrad neben dem
Rennrad dulden. Blöd nur, wenn sich einer mal
wieder an nix hält …*

Himmel hilf, ist das kalt. Schlotternd staksen wir ins Clubheim. Nur 30 Kilometer, garniert mit beißendem Ostwind, haben genügt, um einen Haufen rotnasiger Zitterknechte aus uns zu machen. Wir bestellen Tee mit Rum und sehnen uns nach dem 14. Februar, dem Abflugtag ins Trainingslager nach Mallorca. »Wo war eigentlich Brägel?«, fragt der alte Hans. »Der wollte doch mit.«

Stimmt, Brägel fehlte. Das ist insofern verwunderlich, als er seit unserem Saisonstart am 28. Dezember eigentlich immer dabei war. Und gemäß unserer 150-Kilometer-pro-Woche-Regel sind wir auch fast im Soll. Nur weil es heute sakrisch kalt ist, müsste er eigentlich nicht kneifen.

Noch während wir überlegen, wo er wohl steckt, geht die Tür auf. Dass dort Brägel hereindrängt, erkennen wir aber erst auf den zweiten Blick. Himmel hilf, zum zweiten: Der Kerl trägt eine Kappe, die aussieht wie so ein Hahnenkamm aus »Mainz, wie es singt und lacht«, eine grellorange XXXXL-Jacke, die selbst seine Plauze noch sackartig verhüllt, und eine Art Militärhose. »Schon Fasching, Alter?«, frage ich. »Nö«, kommt es zurück, und dann druckst Brägel tatsächlich ein wenig verlegen herum. »Also, was ist?«, quengele ich. Der Hahnenkamm setzt sich, guckt in die Runde und nuschelt: »Nun ja, äh, also ich – hab' mir ein Mountainbike gekauft.« Himmel hilf, zum dritten! Ein MOUNTAINBIKE? »Was wollt ihr denn«, mault Brägel, »im Wald ist es längst nicht so kalt. Und Training ist Training.«

Bevor er sich weiter geistig verrennt, ergreife ich schnell das Wort. Mit Mountainbikes ist das nämlich so: Zu allererst sehen die Dinger bäh aus, da hilft nix. Traktorreifen, Stoßdämpfer unterm Sattel, Drehgriffe wie beim Mofa und Bremsbügel wie für eine landwirtschaftliche Zugmaschine. Kurzum – das ganze Ding ist so elegant wie ein Küchenmixer, allerdings viel teurer. Erschwerend kommt hinzu, dass auf diesen Teilen Menschen sitzen, die meist sehr jung sind (gut, dafür können sie nichts), unentwegt von »Fun« reden und seltsame Klamotten tragen, nebst ganz schrägen Brillen. Biker sprechen etwas komisch, sagen anstatt »Ja« immer »yoh« und bezeichnen es als Training, wenn fünf mit ihren Rädern rumstehen und einer währenddessen versucht, das Treppengeländer am Kirchplatz umzufahren.

»Und«, quäkt der alte Hans aus dem Eck, »das Allerschlimmste ist, sie lassen Frauen mitfahren.« Nun ja, da ist der alte Hans der Einzige, der das als Nachteil sieht. Aber dass Brägel jetzt auch zu dieser seltsamen Spezies gehören will?

»Chauvinistisches Spießerpack«, knurrt Brägel, »während ihr euch auf der Straße den Hintern abgefroren habt, bin ich auf Waldwegen windgeschützt Grundlage gefahren.« Nun ja, druckst plötzlich einer, der Brägel noch vor zwei Minuten die Mitgliedschaft entziehen wollte, in manchen Situationen könne es vielleicht hilfreich sein, neben dem Rennrad noch ein zweites Velo zu besitzen, mit dem man zum Beispiel bei zwei Meter Neuschnee auch noch trainieren könne, oder zum Bäcker fahren, oder vielleicht mal alle vier Jahre eine kleine Runde im Wald. Wieder zwei Minuten später outet er sich tatsächlich ebenfalls als Besitzer eines Mountainbikes. Allerdings betont er mit flehendem Blick, die Reifen an seinem Bike hätten in der Mitte kein Profil, es sei nur vorne gefedert und er fahre so gut wie nie. »Wie oft?«, hake ich drohend nach. Er stammelt: »Kaum, oder nein, vielleicht einmal im Monat? Wenn's sehr kalt ist, auch öfter. Also – täglich...« Schweigen. Brägel zupft zufrieden an seiner Narrenkappe und lächelt. »Wer noch?«, donnere ich in die Runde. Brägels Outing hat Folgen. Es stellt sich heraus, dass bis auf den alten Hans und mich jeder ein Bike besitzt. Manche tarnen es als Rad des Sohnes, als Zweitrad der Gattin oder Drittrad für den Strandurlaub. Plötzlich diskutieren sie eifrig über tolle Passagen in unserem Stadtwald, von denen ich gar nicht wusste, dass es sie gibt.

Während mir langsam klar wird, woher die gute Frühform mancher Kollegen rührt, rennen alle nach draußen und streunen, befreit von der jahrelangen Lüge, um Brägels Mountainbike herum. Fachmännisch taxieren die Kerle das Ding mit Wörtern, die ich noch nie gehört habe. »Verräter, Discokurbler!«, giftet der alte Hans. Aber nach dem dritten Tee mit Rum gibt er zu, dass er sich auch ein Bike kaufen würde, wenn seine Scheidung nicht so verdammt teuer

gekommen wäre. Bleibe nur noch ich, offenbar der letzte Traditionalist in Mitteleuropa. Hm.
Zwei Tage später habe ich mir Brägels Boliden ausgeliehen, natürlich unter dem Siegel absoluter Verschwiegenheit. Zwei Stunden bin ich durch den Wald gefahren; die dünne Schneeschicht knirschte, die Vögel zeterten freundlich, und als ich auf dem Trimmdich-Pfad die kurze Treppe hinuntergehoppelt bin, musste ich vor Vergnügen lachen. War gar nicht so schlecht. Vielleicht könnte ich mir für den nächsten Winter doch so ein Ding holen. Muss ja keiner wissen. Nur so einen Hahnenkamm wie Brägel, den setze ich nicht auf. Himmel hilf!

Frontfrau

*Revolution in Brägels Radclub:
vom Ende eines Naturgesetzes ...*

Es gibt Rituale, die gehören zum Alltag wie Geburt und Tod. Sie geben einem Gemeinwesen das Fundament. Ergo sollte an solchen Dingen auch tunlichst nicht gerüttelt werden. Ein staatstragendes Ritual bildet zum Beispiel unsere Radclub-Ausfahrt Samstag um 14 Uhr. Die findet immer statt, 52-mal im Jahr. Unnötig zu erwähnen, dass diese Ausfahrt Männersache ist. Wie gesagt, jede Ordnung braucht ihr Fundament.
Entsprechend dämlich schauen einige Herren aus ihren Trikots, als am Samstag Viola vors Clubheim rollt. »Brägel kommt nicht«, sagt sie, »er muss heute auf die Kleinen aufpassen.« Der alte Hans verdreht die Augen, als sei er auf dem direkten Weg ins Nirwana; ich erlaube mir die Frage: »Ist er krank?« Viola schüttelt den Kopf: »Nein. Wir machen das künftig immer so, einen Samstag er, einen ich.« Da wir allesamt von modernen Partnerschaften nichts verstehen, nicken wir und fahren los. Viola ist gut drauf, wundert sich aber, warum bei jedem Hügel ernste Stimmung über die Gruppe sinkt, das Tempo nicht runter geht, dafür der Puls mächtig hoch. »Ich dachte, wir fahren Grundlage«, japst Viola. »Klappe!«, knarzt der alte Hans, »kannst ja Kaffee trinken gehen.« Viola zeigt ihm ihren nach oben gereckten Mittelfinger, was man in diesem Fall verstehen kann. Die Frau ist schließlich vor knapp hundert Tagen zum

zweiten Mal Mutter geworden und fährt dafür wirklich ordentlich. Die Runde geht ohne weitere Komplikationen zu Ende.

Viola verabschiedet sich nach dem ersten Bier, ich werde nach dem zweiten Weizen nominiert, bei Brägel nach dem Rechten zu sehen. »Vielleicht steht er ja unter Drogen«, ölt der alte Hans, der meiner Meinung nach ein ganz gewaltiges Frauenproblem hat. Nein, unter Drogen steht Brägel höchstens im Juni, wenn er sich wieder irgendeinen Dreck im Internet bestellt hat, um beim Clubrennen im August wenigstens die ersten zwei Runden mitfahren zu können.

Brägel hat auf meinen Anruf offensichtlich schon gewartet. »Das hat man nun davon«, mault er, »erst bekniest du die Frau, deinen Sport zu teilen, kaufst ihr ein Rad, tolle Trikots und den ganzen Mist, und dann will sie auch noch fahren und ich soll mich um die Kinder kümmern. Mach' ich ja gerne, aber doch nicht, wenn Clubausfahrt ist.« Ich frage ihn, wann er sich denn sonst noch um seinen Nachwuchs kümmert. Nachdem keine Antwort kommt, liegt hier also wieder ein klarer Fall von männlicher Fehleinschätzung vor. Es scheint ein ehernes Gesetz zu sein, dass er ihr gerne Sportgeräte schenkt, die sie aber tunlichst nicht benutzen soll, wenn dadurch die männlich dominierte Haushaltsordnung gestört werden könnte. Jedenfalls – Brägel bittet um Hilfe.

Am Stammtisch suchen wir eine Lösung. Der alte Hans schlägt eine Satzungsänderung vor, nach der Frauen an sportlichen Veranstaltungen des Vereins nicht aktiv teilnehmen dürfen. Die Idee wird mit Hinweis auf die Verfassung der Bundesrepublik Deutschland verworfen. Schließlich entscheiden wir, das Problem wie Männer zu lösen: mit archaischer Gewalt. Wenn sie in zwei Wochen tatsächlich noch einmal antritt, fahren wir sie aus den Schuhen, bis ihr die Lust vergeht – so die feinsinnig ausgetüftelte Strategie.

Viola kommt tatsächlich, auf dem Plan stehen 67 Kilometer, die mittlere Runde. Nach knapp zehn Kilometern, am ersten Hügel,

gibt Mann Gas. »Hey, seid ihr verrückt«, brüllt Viola. Wir fahren weiter volle Lotte. Plötzlich schiebt sich Brägels Gattin am Feld vorbei, mit rotem Kopf und hartem Tritt, überholt den Mann an der Spitze, dreht sich um, schnauft durch und brüllt: »Ihr habt sie doch nicht alle! Das soll Training sein? Wollt ihr euch umbringen?« Sie wartet gar nicht auf Antwort: »Ich mach' jetzt das Tempo, damit ihr mal spürt, wie man Grundlage trainiert. Und keiner fährt an mir vorbei.« Wir schauen blöd, sagen aber nichts und fügen uns. Der alte Hans hätte sicher widersprochen, aber den haben wir gerade sauber abgehängt. »Das Tempo orientiert sich am Schwächsten«, sagt Viola, »wir rollen locker, bis Hans wieder dran ist.« Wenn er das erfährt, bringt er sich um, denke ich und höre brav auf zu treten. Bis zum letzten Anstieg fährt Viola die meiste Zeit vorne. Angenehmes Tempo, so wie immer eigentlich.

Kurz vor Schluss kommt noch ein Hügel, den wir »Scharfrichter« getauft haben, weil sich auf 120 Höhenmetern zeigt, wer noch was drauf hat. »Jetzt könnt ihr Renners spielen«, ruft Viola und gibt uns frei, »ich fahre locker und zieh Hans mit rauf.« Der alte Hans bekommt einen noch röteren Kopf, stößt seltsam gurgelnde Laute aus. »Jetzt stirbt er«, denke ich, muss aber Druck geben, weil ich sonst abgehängt werde. Vor dem Clubhaus haben wir 43 Sekunden auf Viola und den alten Hans rausgefahren. Mein Puls ist noch über 160, mir tut alles weh, aber ich bin glücklich, weil ich mich im Sprint noch von Platz sechs auf zwei vorgekämpft habe. Der alte Hans sieht seltsamerweise entspannt aus. »Tschüss, bis in zwei Wochen«, sagt Viola und fährt weg.

Bilanz am Stammtisch: Wir haben versagt. Und jetzt? »Eigentlich«, sagt der alte Hans, »ist sie ganz okay. Und wenn sie jetzt alle zwei Wochen kommt, leidet Brägels Form, und das ist gut für uns.« Alle nicken. »Vielleicht sollten wir beim nächsten Umbau eine Frauendusche bauen«, sagt einer. »Warum?«, fragt der alte Hans dämlich grinsend. Danach gleitet die Diskussion schnell wieder auf das übliche Niveau ab.

Am Abend musste ich natürlich Brägel anrufen: »Wir können leider nichts für dich tun, Alter. Sorry, aber Viola ist drin.« Brägel hat nur leise geweint.

Putz Blitz

Radprofis ist an ihrem Rad vor allem eines wichtig: Sauber muss es sein. Und in dieser Hinsicht ist natürlich auch Brägel ganz Profi

Wie sieht ein perfektes Rennrad aus? Eine klare Linie – richtig. Technische Finesse und Eleganz – auch richtig. Eine ansprechende Lackierung, die nicht in Batik-Experimente abgleitet – megarichtig. Aber das Allerwichtigste fehlt noch. Was das sein soll? Na, kommen Sie, das weiß doch jeder – ein Rennrad muss sauber sein. Es muss blitzen und funkeln – jedes Kettenglied frisch geölt und silbrig schimmernd, jedes Zugende mit einem frischen, hellbeigen Klecks Campa-Schmiere versehen, alles makellos rein, sodass das Velo zur Not auch in einem Operationssaal geparkt werden könnte. Rennradler wollen die Sonne in den Speichen blitzen sehen. So haben es berühmte Radsport-Romanciers schon vor 30 Jahren geschrieben, und so muss es auch sein. Wer ohne Sonnenbrille auf das verchromte Ausfallende seines Renners schauen kann, der hat was falsch gemacht. Punktum.

Leider halten sich nicht alle Rennradler daran. Manchmal überfällt einen auf der Landstraße das nackte Grauen. Bräunliche Ketten, umschmoddert von Altöl und Dreck, schwarz gebremste Felgen, stumpfe Naben – da weint der Ästhet. Aber zum Glück gibt es Menschen wie Brägel, welche die Fahne des sauberen Radsports hoch halten. Zumindest, was das Aussehen des Sportgeräts betrifft. Nachdem Brägel zulassen musste, dass Gattin Viola im 14-tägigen Wechsel an unseren Ausfahrten teilnehmen darf, hat er wenigstens die Putz-Hoheit im Keller zurückerobert. Das war allerdings auch nicht schwer. Es gilt schließlich das Gesetz, dass Frauen sich über vier Atome Isostar-Pulver auf drei Metern Küchenablage ein Jahr lang aufregen können – die dreckige Felge ihres Velos aber über den ganzen Sommer hinweg nicht bemerken, geschweige denn putzen. Viola kennt dieses Problem nicht, weil ihr Kerl zum Meister Propper wurde. Schon früher ist der Lapp nach der Radrunde immer zur Tankstelle geradelt und hat sein Velo für zwei Mark dampfgestrahlt, wonach in kürzester Zeit die Tretlager durchrosteten. Aufgegeben hat er das aber erst, als sein Rad beim Anfahren ruckelte wie ein alter Diesel: In den Shamal-Felgen mussten sich jedesmal erst die zwei Liter Wasser gleichmäßig verteilen. Jetzt hat Brägel chemisch aufgerüstet, wobei in seinem Keller Mittel lagern, die das Grundwasser in Deutschland auf Jahrzehnte hinaus vergiften könnten. Die Kette reinigt er erst mit Benzin (Super plus), dann wird mit Wattestäbchen Feinmechanik-Öl in jedes Glied einzeln getupft. Für die Ritzel nimmt er eine Bürste, die normalerweise als Premium-Produkt der Toilettenpflege gilt und für 22 Euro je abschraubbarem Rundkopf in ausgesuchten Sanitär-Fachhäusern zu haben ist. An Brägels Kellerwand hängt ein Sortiment an

Lumpen, aufgereiht nach Festigkeit, Saugfähigkeit und Verschmutzungsgrad. Wenn der Herr der Lappen drei Hefeweizen im Kopf hat, kann er im Radclub stundenlang über seine »Lumpenhierarchie« (O-Ton Brägel) referieren. Ein normaler Lappen wird erst zur Staubentfernung hergenommen, dann zur Feinreinigung und erst nach etwa drei Wochen für die Kette, bevor er in den Müll wandert. »Wie, keine Beerdigung?«, ätzte neulich der alte Hans am Stammtisch, was Brägel nicht weiter kommentierte. Dafür erklärte er uns, dass er jetzt sogar seine Unterhosen unter der Vorgabe der späteren Lappentauglichkeit kaufe, was dazu geführt habe, dass er Feinripp ohne Eingriff nehme. Kein Witz. Neulich gab es aber mächtig Ärger zu Hause, weil er Violas Kaschmir-Schal zum Polieren des Oberrohrs benutzt hatte. Auch kein Witz.
Wir im Club fragen uns natürlich, welche Ursache der gesteigerte Waschzwang haben könnte und was einen dazu bringen kann, im Monat mehr Geld für Putzmittel auszugeben als für Rotwein; zumal Brägel bei sich selbst weiter zur Nachlässigkeit neigt. Neulich kam er wieder mal in seiner uralten Kelme-Hose daher. Das Ding ist durchgesessen, die Nähte sind löchrig. Nach reiflicher Überlegung kamen wir zu der Erkenntnis, dass übertriebenes Putzen so etwas wie die Kraft des alternden Mannes sein muss. Wer nicht mehr locker den Berg rauf kommt, muss eben anders glänzen. Gesagt haben wir ihm das aber nicht. Zum einen ist Brägel der größte (und einzige) Mäzen des Radclubs, und zum zweiten braucht er gerade jetzt ein wenig Zuwendung. Neulich hat er sein Lenkerband mit einem Kunststoff-Spray behandelt. Das Band hat geglänzt wie eine Speckschwarte, war aber auch genauso glatt. Beim ersten Schlagloch sind dem Lapp beide Hände vom Lenker geglitscht. Jetzt ziert eine Narbe sein Kinn und sein linker Unterarm steckt in Zinkleim. Wenigstens ist die Kelme-Hose definitiv kaputt, sie hängt jetzt im Keller. Das Sitzleder eigne sich gut, um die Speichen zu polieren. Sagt Brägel.

Brägels treuester Freund

*... hat vier Pfoten und ein dickes Fell.
Aber auch der tut nicht immer,
was Brägel will*

Aus gegebenem Anlass berichten wir heute von Brägels freundlichstem Hausgenossen. Wie die Älteren unter Ihnen sicher noch wissen, ist Brägel Besitzer eines langhaarigen Dertutnix. Mittlerweile hat sich der zu einem mächtigen, 50 Kilo schweren Berner Sennenhund im besten Alter ausgewachsen. Dertutnix hat ein freundliches Wesen, tut tatsächlich nix, außer täglich zwei Kilo Fleisch zu fressen, das man abwechselnd Lunge oder Pansen nennt und das grauenvoll nach Verwesung stinkt. Dertutnix würde gerne die doppelte Menge verschlingen, mehr bekommt er aber nicht. Dafür füttern ihn die Nachbarn und alle Kinder in der Straße mit Chips, Eis, Schokoriegeln, Weißwürsten mit abgelaufenem Haltbarkeitsdatum oder Fischköpfen, was Dertutnix sehr freut. Mit glücklichem Gleichmut frisst er alles, was man ihm gibt. Danach fläzt sich Dertutnix gerne auf Brägels Sofa und schläft rülpsend ein. Das viele Fressen bei gleichzeitiger Bewegungsarmut hat dazu geführt, dass Brägel und sein Haustier das gleiche Problem haben: zu viel Fett auf den Rippen. Also hat Brägel dem Tier Diät und Bewegung verordnet. Und da gerade Frühling ist, will er versuchen, Dertutnix zum radkompatiblen Begleithund zu erziehen. Wir haben ihm dringend davon abgeraten, natürlich ohne Erfolg. Brägel will mit Dertutnix den acht Kilometer langen, asphaltierten

Radweg durch den Wald beradeln, der zufällig an einer Gartenwirtschaft endet, die gerade die Saison eröffnet hat. »Das schafft der Hund locker«, sagt Brägel. »Der Hund schon, aber wie steht's mit dir?«, nölt der alte Hans. Natürlich lachen wir herzlich darüber, was nicht gerecht ist. Acht Kilometer sind selbst für Brägel ein Klacks. Zwei Tage später kommt Dertutnix an eine zehn Meter lange, flexible Leine, während Brägel aufs Rennrad steigt. Die beiden starten vom Wanderparkplatz, wir vom Radclub haben schon eine Stunde in den Beinen und wollen noch einen Umweg von 40 Kilometern bis zur Gartenwirtschaft nehmen. Treffpunkt in ungefähr eineinhalb Stunden dort. Brägel rollt mit zehn Kilometern pro Stunde auf der Mitte des Weges dahin. Dertutnix trabt brav nebenher, und immer, wenn er den Kopf zum Schnüffeln senken

will, brüllt Brägel »Nein, pfui!« oder »Hopp, weiter!«, und der Hund tut, was der Herr sagt.
Nach zwei Kilometern kommt ihnen breit ausschreitend ein Inlineskater entgegen. Brägel fährt ein Stück weiter rechts, drängt den Hund vom Weg und hält schließlich sicherheitshalber an. Dertutnix macht unaufgefordert Sitz, hängt die Zunge raus und hechelt. Als der Skater fast vorbei ist, brüllt er Brägel an: »Köter gehören nicht auf den Radweg, du Trottel!« Brägel möchte gerne erklären, dies sei a) kein Rad-, sondern ein Wanderweg mit Mischnutzung, b) sei Dertutnix kein Köter, c) dass der Hund perfekt gehandelt habe und d) der Ton absolut inakzeptabel sei. Da er all das unmöglich in zwei Sekunden herausbrüllen kann, bindet er Dertutnix an einen Baum und nimmt mit zornrotem Kopf die Verfolgung auf. Nach einen Kilometer ist der Rollflitzer gestellt. Brägel erklärt ihm in vertraulichem Du, dass es so nicht gehe und droht ihm mit der Luftpumpe einen Scheitel zu ziehen. Angesichts Brägels körperlicher Präsenz und der Luftpumpe bleibt der Skater lieber stumm und rollt leise fluchend davon. Als Brägel dort anlangt, wo Dertutnix warten sollte, sind da nur noch Leine und Halsband. Dertutnix hat sich ausgefädelt. Spitze Schreie, die an Brägels Ohr dringen, lassen ihn nichts Gutes ahnen. Nach 200 Metern trifft er auf Dertutnix, der schwanzwedelnd vor zwei älteren Damen sitzt. Die halten mit panischen Blicken weiße Fellknäuel in die Höhe, deren helles Gekläff sich mit dem Damengekreische zu einem infernalischen Lärm mischt. Dertutnix sitzt da und tut nix. Brägel entschuldigt sich und bekommt als Dank ungefähr die Worte zu hören, mit denen er vorhin den Skater bedachte. Er wundert sich, wie die feinen Damen zu diesem Wortschatz gekommen sind, legt dem Hund das Halsband wieder an und trollt sich.
Dertutnix läuft nahezu perfekt: genug Seitenabstand, immer mit dem Kopf auf der Höhe des Vorderrads. Brägel freut sich, steigert langsam auf zwölf Stundenkilometer. Dertutnix läuft schneller.

Brägel wird euphorisch, beschleunigt auf 16 km/h. Dertutnix' Zunge wird länger, das Tempo zwingt ihn vom Trab zum Galopp. »20 schaffen wir auch noch«, denkt Brägel und ruft: »Hopp, hopp!« Dertutnix beschleunigt noch mal kurz, dann hat er keine Lust mehr und bleibt stehen. Abrupt und definitiv.
Brägel reichen die zehn Meter Leine gerade so zum Bremsen, er kommt aber nicht mehr aus dem Pedal und kracht seitlich auf den Wanderweg, worauf ein paar Spaziergänger dreckig lachen. Der Gestürzte rappelt sich auf. »Weiter, hopp!«, brüllt er. Dertutnix sitzt und hechelt. »Hopphopphopp!« Dertutnix sitzt. »Auf jetzt!« – Brägel zerrt heftig an der Leine, der Hund sitzt. »Mistvieh!«, bellt Brägel und reißt an der Leine. Da windet Dertutnix abermals seinen Kopf aus dem Halsband, dreht sich um und trabt zurück. Brägel schnappt sein Rad, strampelt nebenher und versucht Dertutnix wortreich davon zu überzeugen, doch bitte stehen zu bleiben. Ohne Wirkung. Der Hund trabt ungerührt Richtung Heimat, vorbei an abermals kreischenden Damen, denen Brägel entnervt den Finger zeigt, zurück auf den Parkplatz. Dort öffnet Brägel die Heckklappe seines Autos, Dertutnix springt hinein, legt sich hin und schläft sofort ein.
Eine halbe Stunde später erreicht Brägel mit Dertutnix zu Fuß die Gartenwirtschaft. Er gelobt, nie wieder mit Hund Rad zu fahren und bestellt sich ein großes Hefeweizen. Dertutnix kriecht unter den Tisch und wartet geduldig auf herunterfallende Wurstenden und Schnitzelstückchen. Natürlich muss er nicht lange warten.

Modellathlet

Trainingsfaul? Quatsch. Man muss sich nur die richtigen Vorbilder suchen. Meint Brägel

Anfang des Jahres haben wir darüber berichtet, mit welchem genialen Plan Brägel seine Jahreskilometerleistung mit dem Rad auf exakt 7.800 Kilometer hochjazzen will. Zur Erinnerung: Am Ende jeder Woche müssen mindestens 150 Kilometer auf dem Tacho stehen, nicht mehr, aber auch nicht weniger. Da wir vom Club samstags immer zwischen 70 und 100 Kilometer fahren, müsste er also nur noch einmal, höchstens zweimal pro Woche zusätzlich für knapp zwei Stündchen in den Sattel. Neulich haben wir während des Stammtischs heimlich seinen Tachostand kontrolliert. Wir schrieben das Ende der 21. Kalenderwoche, Pfingsten steht an und auf Brägels Kilometerzähler müssten rund 3.150 Kilometer stehen. Aber nichts da, das Ding zeigte gerade mal 1.872,6.

Der hehre Vorsatz hielt also nicht einmal ein halbes Jahr. Brägel sitzt trotzdem gut gelaunt am Stammtisch, bestellt sein zweites Weizen und streicht sich genüsslich über den Bauch, der auch nicht die Form hat, die er Ende Mai eigentlich haben sollte. »Na, Alter«, werfe ich ein, »Saisonplan schon wieder über den Haufen geworfen? Das gleiche Jammerbild wie jedes Jahr?« Brägel lächelt nur, nimmt drei große Schlucke und kontert: »Ihr habt doch keine Ahnung vom richtigen Saisonaufbau. Wichtig ist, zum Höhepunkt fit zu sein.« Wann das sein soll, sagt er uns auch. Sein Ziel ist die Fahrt von Bourg d'Oisans hinauf nach L'Alpe d'Huez in weniger als 1:10

Stunden. Stattfinden soll dieses Abenteuer in ungefähr sechs Wochen, wenn wir mit dem Radclub zur Tour de France fahren, zum Bergzeitfahren nach L'Alpe d'Huez. Klar, wir wollen alle selbst hochfahren, zwei Tage, bevor die Profis kommen. Aber so wie Brägel gerade drauf ist, dürfte es für ihn höchstens zur Fahrt im Begleitbus reichen. Zumindest, wenn er eine Zeit von 1:10 Stunden für die knapp 15 Kilometer mit 1.150 Höhenmetern anstrebt.
»Spottet ihr nur«, säuselt Brägel. »Ich weiß genau, was ich tue.«
Daran zweifeln wir. Brägel schaut in fragende Gesichter und doziert: Also, er richte seine Jahresplanung seit drei Monaten am größten deutschen Radsportler aller Zeiten aus. »Ich bin kein Zabel und auch kein Bettini«, ölt er, als wenn wir das nicht schon längst wüssten, »nein, ich bereite mich nur auf das einzig wirklich wichtige

Ereignis vor – die Tour der Leiden.« Konkret bedeutet das: Bis Ende April will er nur mitrollen, einige Ausfahrten in letzter Minute absagen, ständig den Aufbauplan ändern, aber dann ab Anfang Juni richtig ranklotzen, so mit Schmackes, Disziplin, Askese und dem ganzen Summs. Außerdem habe er sich die Dienste eines Masseurs gesichert und einen Trainer für die kommenden Wochen angeheuert. Im Moment sei er noch auf der Suche nach einem Diätkoch, dann könne es richtig losgehen. »Ihr werdet schon sehen, wo der Hammer hängt, wenn es dann im Juli richtig bergauf geht.« Uns bleibt erst mal die Spucke weg. Der alte Hans fängt sich zuerst. »Wenn dein Trainer Charakter hat, überweist er dich in die Walking-Gruppe deiner Krankenkasse, das ist Leiden genug für dich«, höhnt er. Brägel bestellt sein drittes Weizen, lächelt und sagt nur. »Jan Ullrich reichen auch sechs harte Wochen zur Top-Form.« Himmel, hilf. Brägel scheint zu übersehen, dass Ullrich wohl mehr Talent in seiner linken Kniescheibe besitzt als er in seinem ganzen weizenbiergestählten Körper. Zudem reichen Ullrich die sechs Wochen nur, weil ihm bei seiner ganz speziellen Art der Vorbereitung sechs Wochen eben reichen müssen. Außerdem sind Ullrichs Gewichtsprobleme, verglichen mit Brägels Schwarte, eher marginal. Uns ist außerdem neu, dass Brägels Vorbild als Fan von Weizenbier gilt. »Junge«, erwidere ich, »dein Saisonhöhepunkt sollte eher unsere RTF im August sein als das Hochgebirge, aber selbst dafür bist du mit dem Formaufbau schon spät dran.«

Natürlich ist Brägel uneinsichtig. Er beharrt auf der Überlegenheit des Modells Ullrich und findet unsere Philosophie, wonach ein echter Kerl immer in Form zu sein hat, altbacken und spießig. »Ihr seit doch langweiliger Durchschnitt. Ich lebe intensiver, mal ganz unten, dann wieder on top, das ist viel besser«, beleidigt er den Rest der Runde. »Nur wer unten war, kann's oben auch richtig genießen«, kommt es noch hinterher. Nun ja, »Brägel unten« ist bekannt, das ist der Normalzustand. Was er mit »on top« meint, bleibt sein Geheimnis. Als er sein viertes Weizen bestellt, sitze nur noch ich bei ihm am Tisch. Der Rest hat sich verkrümelt. So viel Arroganz verträgt kein Mensch.

Am nächsten Tag steht der Beschluss des Clubs fest. Brägel wird in L'Alpe d'Huez um jeden Preis und final auseinander gefahren, egal, was er bis dahin noch trainiert oder injiziert. Und zwei Tage später werden wir Jan Ullrich beim Bergzeitfahren zujubeln. Wenn schon ein schlampiges Genie, dann wenigstens eines mit Klasse.